民国ABC丛书

西洋史 ABC

傅彦长　著

知识产权出版社
全国百佳图书出版单位

图书在版编目（CIP）数据

西洋史ABC / 傅彦长著. — 北京：知识产权出版社，2017.1

（民国ABC丛书 / 徐蔚南等主编）

ISBN 978-7-5130-4567-4

Ⅰ. ①西… Ⅱ. ①傅… Ⅲ. ①西方国家—历史 Ⅳ. ①K10

中国版本图书馆CIP数据核字（2016）第261831号

责任编辑：宋　云　刘　江　　　**责任校对**：谷　洋

封面设计：sun工作室　　　**责任出版**：刘译文

西洋史ABC

傅彦长　著

出版发行：	知识产权出版社有限责任公司	**网　　址**：	http://www.ipph.cn
社　　址：	北京市海淀区西外太平庄 55 号	**邮　　编**：	100081
责编电话：	010-82000860 转 8344	**责编邮箱**：	liujiang@cnipr.com
发行电话：	010-82000860 转 8101/8102	**发行传真**：	010-82000893/ 82005070
印　　刷：	北京科信印刷有限公司	**经　　销**：	各大网上书店、新华书店及相关专业书店
开　　本：	880mm × 1230mm　1/32	**印　　张**：	5
版　　次：	2017 年 1 月第 1 版	**印　　次**：	2017 年 1 月第 1 次印刷
字　　数：	53 千字	**定　　价**：	25.00 元

ISBN 978-7-5130-4567-4

再版前言

民国时期是我国近现代史上非常独特的一个历史阶段，这段时期的一个重要特点是：一方面，旧的各种事物在逐渐崩塌，而新的各种事物正在悄然生长；另一方面，旧的各种事物还有其顽固的生命力，而新的各种事物在不断适应中国的土壤中艰难生长。简单地说，新旧杂陈，中西冲撞，名家云集，新秀辈出，这是当时的中国社会在思想、文化和学术等各方面的一个最为显著的特点。为了向今天的人们展示一个更为真实的民国，为了将民国文化的精髓更全面地保存下来，本社此次选择了世界书局于1928~1933年间出版发行的ABC丛书进行整理再版，以飨读者。

世界书局的这套ABC丛书由徐蔚南主编，当时所宣扬的丛书宗旨主要是两个方面：第一，“要把各种学术通俗起来，普遍起来，使人人都有获得各种学术的机会，使人人都能找到各种学术的门径”；第二，“要使中学生、大学生得到一部有系统的优良的教科书或参考书”。因此，ABC丛书在当时选择了文学、中国文学、西洋文学、童话神话、艺术、哲学、心理学、政治学、法律学、社会学、经济学、工商、教育、历史、地理、数学、科学、工程、路政、市政、演说、卫生、体育、军事等24个门类的基础入门书籍，每个作者都是当时各个领域的知名学者，如茅盾、丰子恺、吴静山、谢六逸、张若谷等，每种图书均用短小精悍的篇幅，以深入浅出的语言，向当时中国的普通民众介绍和宣传各个学科的知识要义。这套丛书不仅对当时的普通读者具有积极的启蒙意义，其中的许多知识性内容和基本观点，即使现在也没有过时，仍具有重要的参考价值，因此也非常适合今天的大众读者阅读和参考。

本社此次对这套丛书的整理再版，将原来繁体竖排转化为简体横排形式，基本保持了原书语言文字的民国风貌，仅对部分标点、格式进行规范和调整，对原书存在的语言文字或知识性错误，以及一些观点变化等，以“编者注”的形式加以标注，以便于今天的读者阅读。希望各位读者在阅读本丛书之后，一方面能够对民国时期的思想文化有一个更加系统、深刻的了解，另一方面也能够为自己的书橱增添一份用于了解各个学科知识要义的不可或缺的日常读物。

知识产权出版社

2016 年 11 月

ABC 丛书发刊旨趣

徐蔚南

西文 ABC 一语的解释，就是各种学术的阶梯和纲领。西洋一种学术都有一种 ABC，例如相对论便有英国当代大哲学家罗素出来编辑一本《相对论 ABC》，进化论便有《进化论 ABC》，心理学便有《心理学 ABC》。我们现在发刊这部 ABC 丛书有两种目的：

第一，正如西洋 ABC 书籍一样，就是我们要把各种学术通俗起来，普遍起来，使人人都有获得各种学术的机会，使人人都能找到各种学术的门径。我们要把各种学术从智识阶级的掌握中解放出来，散遍给全体民众。

ABC 丛书是通俗的大学教育，是新智识的泉源。

第二，我们要使中学生、大学生得到一部有系统的优良的教科书或参考书。我们知道近年来青年们对于一切学术都想去下一番工夫，可是没有适宜的书籍来启发他们的兴趣，以致他们求智的勇气都消失了。这部 ABC 丛书，每册都写得非常浅显而且有味，青年们看时，绝不会感到一点疲倦，所以不特可以启发他们的智识欲，并且可以使他们于极经济的时间内收到很大的效果。ABC 丛书是讲堂里实用的教本，是学生必办的参考书。

我们为要达到上述的两重目的，特约海内当代闻名的科学家、文学家、艺术家以及力学的专门研究者来编这部丛书。

现在这部 ABC 丛书一本一本的出版了，我们就把发刊这部丛书的旨趣写出来，海内明达之士幸进而教之！

一九二八，六，二九

序　言

我从小就欢喜读历史。记得11岁左右，那时候我还看不懂任何种的俚言小说，却是有一部什么《普通新历史》，现在看起来大约不见得是一本最好的历史教科书吧，但是在那时候，我却看得津津有味。一部书由我自己发动，最初把它来看完的，却是这一本《普通新历史》。还记得这本书的结束处有“今上皇帝可以万万年活下去”的话，当时我却信以为真，逢人告诉呢！时间过得真快呀，一混[1]我现在已经是一个37岁的人了。想不到在这一个月以内，居然写好了一部《西洋史ABC》，字数虽然不多，可是我一口气，写下

[1] “一混”，当为“一晃”。——编者注

3 万多字，此生还是第一次呢！西洋史是一种复杂到极点的学问，像我这部《ABC》，无论其写得如何高明，挂一漏万，传误失实之处，自己也晓得一定不免的，我很虚心的请人指教。不过我在写这部《ABC》的时候，很有几句话想说说，乘在这里把它写下来吧。西洋人所编的西洋史，不论编得如何好，总有几部分使我们中国人看不惯。譬如西元 1648 年以前的宗教战争，至少在我是看得毫无趣味。这不过举其一端而已，其他像章目的前后，我也有我自己的意见。我不客气的用了我自己的意见，写好了这部《西洋史 ABC》，只希望能够把我对于西洋史全部的见解（全部的事实，不论何人都干不下来的）表示一个系统出来，那就自己觉得要满足了。我们读西洋史，应该晓得近代欧美的艺术文化，以及他们所创造的强大国家、大都会、殖民地，是怎样的一个来历，才是所谓见其大者。我很想往这个方向去努力，所以西班牙人、荷兰人在我这部《ABC》里面的地位，比他们在西洋人自己所编的之内实在重要得多。德国人同英国人打仗，无论那一面战胜，依我个人的见解，在世界上占殖民地的，还是以西洋人为第一。一部西洋史里面，尽管有许多复杂的分子，在我们中国人的眼光里面，至少要把它看为一个统一的、整个的对象。而内容呢，当然要分门别类，能够愈详细愈妙。我多谢我的好朋友徐蔚南先生，没有他热心亲切的鼓励，我决不会想到，来写下这部《ABC》的。

十七年七月二十二日

目　录

01

Chapter

第一章

希　腊

第一章　希　腊

总说

希腊是欧美各国最初的先进之国家，国土在巴尔干半岛的南端，有曲折的海岸，到处是港湾。沿海岸一带有许许多多的小岛，因此希腊的交通很便利。全国山脉纵横，幅员褊小，极长不到千里，极宽不过五百多里。分三部，有二十二区，一区之内，还要分为许多都市。风土秀丽，所以适宜于文化的发达。都市是希腊的政治单位。希腊人的国家观念只不过集中于自己的都市，都市以外没有以个人为中心的生活，因此都市与人民的关系有极度的密接。都市要求人民牺牲自己的一切，在这种都市国家之下的人民自然很有爱国心，把自己看做国家，对于国家的一切要干涉了。从这上面，可以晓得所谓希腊者，并不是一个统一的国家。不过他们的言语、风俗、宗教还算相去不远，所以颇富于互相团结的精神。言语有三部，叫：爱奥立克、多利克、爱奥尼克。宗教是多神教，奉 12 个神。其中男神有 6 个，名目是：天神、海神、太阳神、武神、火神、先锋神；女神有 6 个，名目是：天后、智慧神、猎神、爱神、家神、地母。此外还有许许多多的小神、仙女。最受尊敬的神是天神同太阳神，到处筑庙奉祀，尤其以奥林比亚的奉祀天神同台尔弗的奉祀太阳神为最出名。奥林比亚大祭典四年举行一次，各地人民都来聚会，有各种竞技。台尔弗的太阳神庙，由邻近的几个都市国家结了同盟来保护。这两种奉祀在表面上好像不过是迷信神权，其实宗教是自然而然会从人民之间产生出来的，是都市国家应该有的东西，于希腊人的协同结合，颇有大功，不能够拿神道设教的眼光，来猜想希腊人里面有什么圣贤之徒在那里做政治工作。

斯巴达

希腊好像是一个天下，其中有许许多多的都市国家。人类最普通的一种现象是：有战争才有进步，个人的努力上进也就是一种战争而已。城市国家决不能够一个个很平和的存在，彼此之间不免时常有战争，打到后来总有几个比较的强大，斯巴达就是其中最先出名的一个。斯巴达人民是多利亚族，说多利克的言语，建设了市政府之后，就以勤俭尚武为国是。立法很顶真，男子从 7 岁就由政府收养，受严格的训练，专学武技，养成一种刚毅忍耐的态度。等到成丁之年，大家还是要睡在营房里面，过共同的生活，不许奢侈，以便保存斯巴达的国粹。

雅典

本来有 12 个城的亚的加，各有它的王，不相统属，渐渐的合而为一，以雅典为都城。雅典人民是爱奥尼族，说亚的加话。亚的加话是爱奥尼克言语的一种，后来以文化优越的缘故，成为希腊语的正宗。政体国情，同斯巴达的完全相反，注重文学。起初是王政，后来改为共和，执政官由众人公举，叫雅康。西元前 594 年（民国前 2505 年），人民公举梭伦做执政官，要求他改革以前的种种弊端。梭伦于是改订法律，分市民为四个阶级，看资产的多少以定高下，分配他们的权利义务，即使下级的人民，也有参政权，立民主政治的基础，极有功劳。

第一章 希 腊

波斯战争

城市国家在表面上是大家一律平等，其实政权都在贵族的手里，贵族同贵族要争权夺利，却是欺侮平民是无论其此仆彼起总是一样的。到结果平民变为穷人，不能够不流亡出去，这一来希腊人就在地中海、黑海、爱琴海沿岸，还有许许多多的岛屿上面，建设了殖民地，朴讷的希腊农夫也就一变而为善于应变、巧于对付的商人了。其时亚洲的波斯，在政治组织方面有意外的努力，不欢喜都市国家的形式，以其容易使天下不太平，妨害大帝国一统的缘故，所以波斯为统一天下的起见，当然要先把在小亚细亚，希腊人所建设的一个个都市国家来平定了。西元前498年（民国前2409年），波斯版图里面的希腊殖民地反叛，雅典人帮助同胞打仗，烧了一个都城。波斯王大流士是一个有本事的人，到底把一处处反叛的希腊人平定了，最后决定派水陆大军到希腊去攻打，想把雅典征服下来。从西元前 492 年到 479 年，波斯人共总派兵三次。第一次，波斯王大流士派远征军去攻打的时候，运气不好，碰着大风，结果是波斯舰队的自己覆灭。第二次，波斯王大流士再派水陆大军，在亚的加地方上陆，结果是，在马来孙之野战败了，只好退回。第三次，波斯王大流士的儿子，亲带兵卒百余万，战船千余，分路去攻打，到结果也是失败。波斯王的失败，使世界上少去一个统一的大帝国；不然，秦皇汉武的大帝国，子子孙孙传下去的统一天下，在亚洲的西部也可以发现了。希腊人的成功，是一个团体的成功，使都市渐渐的变为以民族为中心的国家。希腊人对于后来欧美各国的最大贡献是：平时是自己之间互相战争，危急时候联合别国来一致对外。有人说，自己之间互相战争的都市国家，也可以算为只顾自己权利的行为了，为什么在危急时候反而会去联合别国呢？这个说明很容易的，在希腊的城市国家，因为只看见自己权利的重要，才会联合别国吓！

贝理克

波斯败退之后，雅典同爱琴海的几个城市，结为同盟，雅典为盟主，加添海军，国运比起以前更加兴隆了。等到贝理克做执政官，一方面扩张市民的参政权，一方面动用同盟的公款来修理雅典市。那时候大约是西元前 5 世纪到西元前 4 世纪中叶的时候，雅典市发生了空前的文化，是都市国家的代表。中心人物自然是执政官贝理克，他想把雅典变为希腊诸邦的霸主。于是一步一步的先做到各邦海军的盟主，以后又统率了诸邦的陆军。雅典的全盛时代，我们决不能够拿汉、唐、宋、明的规模来比论，雅典决不是我们意想中的帝国。在规模上是很小的，自由男女人口有 17 万，奴隶男女人口有 10 万，合算起来一共只有 27 万，至多不过 3 万户。但是在艺术文化方面的意义却伟大了。雅典市关于文学艺术的完美、宫室建筑的宏壮，都甲于希腊，工商发达，富强无比。

希腊文化

现代世界上的文明，是从各种不相同的系统而成立的。每种系统的组织，都有它自己本身的要素。因为每种要素的不同，并且因为各种系统的相互关系，所以就发生了复杂多样、无从端倪的现象。现代世界有千种万态的文化，决不是一个人忽然造出来的，是从古以来经过了几千年历史上的发展才后成立的。希腊文化是西洋文明系统里面的一个要素，其中的特点是：最富于智识，最长于思想，艺术之美最完全，于后代世界上的影响最伟大，凡是了解希腊文化的民族，无不一生享受，快乐不尽。要证明希腊文化于世界上影响的伟大，只要我们住在上海的市民，随便在租界各条马路上散步的时候，就可以见到一切了。各条马路上到处有各种希腊风的西洋大建筑，其中各种圆柱的样式，巴西利加的影子，没有一个不穷奢极欲，大兴土木，尽尘世快乐的能事，这种现实的享受，向来不为圣贤之徒所许的，但是也在没有都市国家的天朝之下存在了。这还不足以证明希腊文化遗传的伟大吗？其他像住在大都会之内各种人物的思想、团体的行动，也没有一件不是希腊文化的长处。只有都市才可以把希腊文化的长处显示出来。希腊文化的长处在那里呢？这当然要把希腊的文学来引证的。希腊文学里面最重要的作品是荷马所做的两篇史诗。一篇史诗叫《意里亚特》，大略说：希腊诸邦的各位英雄，为了要攻打特罗亚城，就联合在一起，组织了一致的共同远征军。这种情形在天无二日、人无二王的天朝之下决不会发生的。从这层意义的上面，使我想到现代欧洲人的所谓国际共同出兵，庚子年八国联军之类的由来是很久很久的了。还有一篇史诗叫《奥迪赛》，大略说一个英雄在海上冒险的故事。这更加是近代西洋人飘洋过海，到处建设殖民地的情形了。西洋人在近代发挥这样的特长，以 17 世纪的荷兰人、十八九世纪的英国人为最利害。荷兰人征服了许多东洋的地方；英国人征服了印度、加拿大、澳大利、亚洲之外，还占据了许许多多的地方。他们征服许许多多地方的一切情形，就可以晓得古代希腊人的远征、殖民，于现代欧洲人思想上的影响是很伟大的了。欧洲现在有三十几个民族的国家，彼此之间时时刻刻在那里预备打仗，这不是古代希腊都市国家的衣钵相传吗？在政治方面是如此，在文字方面，欧洲现在居然有五十几种民族的文学，在我们统一惯了的中国人看起来，真正是何苦如此呢？贝理克时代是希腊文化的黄金时代，所以我们谈过贝理克之后，就不得不把希腊文化的特长，及其潮流的影响来谈一谈了。

亚力山大

雅典的富强，当然为别的都市国家所妒忌。于是希腊的都市国家，彼此之间又打来打去了。这样一来，北方的马其顿就乘着机会而兴起。希腊人看待马其顿人的样子，好像明末中国人看待满洲人的一样。其实那时候的马其顿王腓力，是历史上很了不得的一个人。为开发自己国家的缘故，一方面努力输入希腊的一切文化，一方面又用了新组织的军队去征略四方。到西元前 338 年（民国前 2249 年），希腊已经全属于腓力了。可惜他不久就给部下所杀。亚力山大是腓力的儿子，那时候不过 20 岁，即位为马其顿王。继着父王的遗志，在西元前 334 年（民国前 2245 年），带了 4 万兵，渡过黑勒斯滨海峡，去征伐波斯。在腓尼基打下推罗城之后，就进兵到埃及，建立亚力山大里亚城于尼罗河口。再移动军队去攻打波斯，波斯王败逃，为部下所杀，波斯就此灭亡了。巴比伦、苏撒都接连来投降。亚力山大对于自己的战功还不满足，于是再举行北伐，克里海诸部，乘胜打进阿富汗，度过兴都库什雪山，到巴克特里亚，北面到阿母河以北的地方。再从巴克特里亚打进印度，渡印度河，所向无敌。西元前 324 年，亚力山大回到波斯，建都于巴比伦。亚力山大目光远大，下令异族通婚，以平种族的偏见，于是希腊兵拉着波斯女人来结婚的很不少。一方面到处设立新都市，城名都叫亚力山大里亚，造大路以便贸易交通。一方面又极力输入希腊的学艺。可惜他经营尚未成功，已经以纵欲过度的缘故，在巴比伦死了，享年不过 32 岁。其时是西元前 323 年（民国前 2234 年）。他一死之后，领土就四分五裂为马其顿、叙利里、埃及等几个国家。但是大家仍旧都遵守着亚力山大的计划，使希腊文化流传于世界。其中以埃及的亚力山大里亚城为最出名。

亚力山大里亚

亚力山大死了之后，希腊文化更加在世界上散布了开来。希腊文化的特点是都市国家的艺术文化，以殖民的势力为中心。如果文化可以用道统来说的话，那末雅典之后就不得不推举埃及的亚力山大里亚了。亚力山大里亚在古代是最有名的城市，西元前 332 年（民国前 2243 年）的时候，由亚力山大所建立的。后来托勒密在亚力山大死了之后，统治了埃及。他的子孙继续着下去，渐渐的把亚力山大里亚城成为希腊文化的中心点。城中有博物馆、图书馆、讲演厅、音乐院、浴场、市场以及其他一切的公共建筑，无不富丽堂皇。全盛时代，人口有 75 万，其中包括希腊人、埃及人、犹太人、罗马人，还有许多异邦人。在市政方面仍旧是城市国家的组织；宫廷、官署、学校，用的都是雅典语。侨居的犹太人，甚至于其中有许多已经不能够了解自己的希伯来文，不得不把《圣经》来译为希腊话了。我们要晓得，托勒密同他的子孙虽然在埃及大做其神王，却是对于亚力山大里亚城，差不多是处处都有希腊文化的显示。这种希腊文化的潮流，在近代当然要推荷兰人。英国人最会承受，并且更加发挥得厉害。我们中国的闽粤移民，在南洋群岛一带的很多，可惜他们对于政治都太没有兴味，以致不能够在海外立一个城市的国家，至于民族的国家是什么，那是他们更其无从来了解了，所以他们到处只会做一群对于政治毫无野心的老百姓。

02

Chapter

第二章

罗　马

第二章　罗　马

总说

意大利是地中海的一个半岛，有长而且窄的地形，分南、北、中三部。希腊人一向在南部有殖民地。北部是高卢人同伊达拉斯人的占据地。中部有拉丁、萨平、恩布里，逊尼各种民族，杂处其间。极南有一个大岛，叫西西利，是迦太基、罗马、希腊三种人的大战场。西元前753年（民国前2667年），由几个民族联合而建立了罗马府，罗马史就从此开头了。以地形的关系，意大利半岛的民族，不同希腊人一样，他们不爱外出经商，所以只好成为一个农业国，不能够像希腊人到处去开辟殖民地，而以商立国。在政治上，为了内部交通的便利，所以容易有一个统一的政府。罗马最初是王政，后来改为共和政体，年年从贵族里面推举两位执政出来管理一切庶务，以元老院为行政机关。当时罗马除贵族之外，还有平民，无参政的权利，却负有当兵的义务，而兵器、粮食都须自备。因此，贵族、平民之间，常常有斗争。到西元前 494 年，为保护平民的权利起见，特设平民保护官。西元前 367 年，平民保护官李锡尼定出法典：两位执政之一，必定要举平民来担任。西元前 266 年（民国前 2177 年），罗马统一意大利。

布匿克战争

罗马统一了意大利之后，眼光的方向就不免转到地中海的西部去了。那时候迦太基人正握着地中海的商业霸权，罗马是想把势力先扩张到南方的西西里岛，因此两方面的冲突就开始了。这是历史上有名战争之一，攻打了有120年。没有这次战争，差不多在历史上就谈不到罗马。其间大战一共有三次。第一次，从西元前264年（民国前2175年）起。两方军队交战于西西利。罗马陆军是农兵制，迦太基的是出了钱雇来的，因此罗马屡次打胜仗。在海军方面，罗马打不过迦太基，于是努力振作，添造了许多战船，训练一番之后，罗马又打了胜仗。结果是罗马到手了西西利之外,还收到大宗的赔款。第二次，从西元前218年（民国前2129年）起。这一次，在迦太基方面出了一个了不得的大将，名字叫汉尼拔。他带了6万兵，从西班牙经过高卢的地方，跨过意大利北部的阿尔卑斯山，打到平原。罗马几乎全军覆没，他占领了意大利土地的大半。可惜他孤军深入敌境，一点没有救兵，军气不免无从振作。过了十几年，罗马也出了一位大将，叫西比阿。他学了汉尼拔的法子，先去把西班牙打了下来，就一直进兵去攻打迦太基城。这一来使汉尼拔不得不回去应敌。两位大将在撒马互相战争的结果，汉尼拔大败。结果是罗马到手了许多船只，收到了大宗的赔款之外，还不许迦太基在得到罗马的允许之前，与任何一国去开战。第三次，从西元前 149 年起到西元前 146 年（民国前 2057 年）为止。这一次罗马人派兵去攻打，迦太基市民，无论男女，都出来执兵死守，不到三年，居然把一个腓尼基人所建设底繁华美丽的城市，也可以算为一个独立国家的迦太基城，毁灭得干干净净。这是一个真正亡国的榜样。

共和政治的末路

地中海的西部，一步步的完全在罗马人

势力之下了。大约在西元前200年的时候，地中海的西部，还有好几个国家。像叙利亚、埃及、马其顿是亚力山大死了之后所分裂出来的大国，还有几个小国，享受的都是希腊文化，一个个都给罗马打败。其中只有一个埃及，本来是罗马的好朋友，不多几时，就自己愿意来做罗马的属国。到西元前133年（民国前2044年），南欧洲的三大半岛以及地中海沿岸的许多地方，大多数都是罗马的土地了。但是罗马人不欢喜外出经商，殖民地的经营是不在他们心上的。所以罗马人做了地中海的唯一主人之后，他们的方法是把世界上所有的财富同文化，都集中于国都。这一来，渐渐的把往时罗马人的勇武精神丧失了之外还不算，有钱有势的人却只顾滥用权力，盘剥重利，兼并土地，使罗马的中坚分子，从农民变为贫苦的叫化子。当时有远见的罗马人，也看到了这一层，主张把土地分给无业的农民，但是有所有权的贵族如何肯放弃他们的权利呢？于是贵族平民之间又争斗起来了。罗马的社会上，继续的这样闹了好几年，一直到西元前 70 年以后，才渐渐的有一点眉目。那时候平民里面出了两个很有本事的领袖都善于打仗。一个叫庞培，在亚细亚方面，替罗马打下了许多地方。还有一个叫恺撒，以西元前 59 年（民国前 1970 年）出去做高卢总督。八年里面他征讨了日耳曼族，打进了不列颠，平定了高卢。后来，庞培又同恺撒争斗，结果是恺撒占胜利，于是把全国的政教兵马之权都集中于他自己一个人的身上，任职是终身总指挥官，尊称为大元帅。有君主的实在而不居其名，从罗马开国以来，权力没有比恺撒再大的了。共和政治虽然已经到了末路，却是国内反因此而大治。

奥古士都

恺撒不久就被人刺杀。他死了之后，罗马又经过了好几年的内乱，直到西元前 30 年，罗马的大权才算都归到了奥大维一个人的手里，奥大维是恺撒姊姊的外孙，恺撒的嗣子，做了大元帅之后，就把政教兵马之权集于一身。西元前 27 年，元老院又奉以奥古士都的尊号。虽然在名目上是共和政治，其实在设施上的一切潜移默运，都是王室专制的行为，不过大家不觉得其中有所改革而已。奥古士都是西洋史里面仅见的大人物，以民主政治来管理意大利，以专制政治来管理藩属，开罗马帝国数百年的规模。在位时用心内政，奖励文学，罗马黄金时代的拉丁文学就发生于这个时候。耶苏纪元[1] 14 年，奥古士都死了，年 75 岁。自从他有了奥古士都的称号以后，

[1] 即公元。——编者注

在位一共有41年。

帝政时代

西洋史家拿西元前30年（民国前1941年）作为罗马帝政起始的时代。从这一年算起的罗马帝系是：

奥古士都（西元前30~西元14）

铁比理（14~37）

伽利古（37~41）

喀劳狄（41~54）

尼鲁（54~68）

……（68~69）

华士辟（69~79）

第度（79~81）

杜密善（81~96）

那尔华（96~98）

图拉真（98~117）

哈达里（117~138）

安敦奥理（138~161）

安敦玛克（161~180）

二十四帝（180~284）略去不录

狄奥克利（284~305）

君士坦丁（323~337）

狄奥多西（379~395）

奥古士都之后的罗马皇帝，大半是些暴主。但是从西元 96 年到 180 年之间，也出了许多名君忠臣。其中以图拉真为最出名，他平定多瑙河的北方，又占领了美索波太米亚，罗马帝国的版图，以这时候的为最大。后来就常常的有内乱，帝业一直不振作，等到狄奥克利即位，罗马又重新再兴了起来。罗马的专制政体就在这时候完成，把共和制度一概废去。他又把帝国分为四区，开后来罗马分裂的根基。西元 395 年（民国前 1517 年），皇帝狄奥多西一死之后，罗马就永久的东西分裂了。

基督教

罗马自从东西分裂了之后，一直到西元 476 年（民国前 1436 年）西罗马帝国灭亡的时候为止，我们没有可以写写的。罗马在文化上的贡献，只有政治同建筑两样，至于文学艺术，则非其所长，所以略去不说。在宗教上，罗马人所奉的是多神教，同希腊的很有些相像。等到后来，国内各种外来的宗教都很流行，思想因之而混乱了，道德也因之而颓败了。基督教也是外来的一种宗教，以其于后世的影响很大，所以不得不在这里来提一提。基督教是犹太人耶苏[1]基督所创设的一种宗教。这是一神教，所崇拜的是上帝。耶苏死后，使徒们就把他的道理传到罗马去。在帝国之下的臣民，对于皇帝都有拜跪的义务，从东方来的宗教不止基督教，把这件事看得很平常，不在乎此。独有基督教徒与众不同，因此在政治上是叛逆的行为，政府就不得不用酷烈的刑罚去对待他们了。一直到西元313年，君士坦丁才颁布了信教自由的诏书。同时命令地方上的官吏，把夺来的教产一律发还，从此以后基督教就是罗马的国教了。君士坦丁是第一个信奉基督教的罗马皇帝。但是他信教在什么时候才实行，就很有几种异说。有人说是在即位的时候，有人说是在临死的时候，也有人说是在未死之十三年以前的。西元325年，是教会史里面最重要的一年，因为这一年方才有第一次全

[1] 即耶稣。——编者注

体基督教徒的大会。理由是基督教自己起了内讧，异说争鸣，于是君士坦丁在这一年于尼基亚开大会以解决一切，结果是阿利安派的失败。阿利安是北非洲人，小时候到安提阿留学过，所说教义颇有信从的人。胜利方面是阿达尼派。阿达尼是亚力山大里亚的希腊人。初期教会的争执以这两派人为最厉害，其中教理的辩论在这里都无关紧要，所以一概从略。总之，基督教的发展是历史上的一件大事，但是神学方面的讨论实在太无意味了。

Chapter
第三章
03

东罗马帝国

第三章　东罗马帝国

总说

西元前656年，有一个希腊人叫做比赛斯的，领着一队人在一个地方住下。这个地方后来渐渐的繁盛起来，地名就是比赛丁穆。一向因为是一个要塞，所以起先是希腊诸邦的竞争所在。亚力山大的时候，是马其顿的属地，后来归罗马管辖。西元330年（民国前1582年）罗马皇帝君士坦丁从罗马迁都到比赛丁穆，从此以后就改称为君士坦丁堡了。以君士坦丁堡为中心的东罗马帝国，却是要从西元395年算起。这一年是罗马帝国最后的分裂，皇帝狄奥多西在这年一死之后，他的大儿子阿恺第就做了第一代东罗马帝国的皇帝，小儿子鄂那利就做了西罗马帝国的皇帝。西罗马帝国在名义上虽然不过是罗马帝国的一支，但是在实际上却非常重要。因为一向在希腊人里面也有梦想着大帝国之建设的，东罗马帝国在表面上似乎是罗马人所建设的罗马帝国，其实国内通行希腊文化，用名称叫做罗马话的希腊话。真正的罗马帝国已经在西元 476 年灭亡了，而这个希腊化了的东罗马帝国一直到公元 1453 年才灭亡。

查士丁尼

东罗马帝国的领土，从亚得里亚海的东面起一直要到幼发拉底河的地方。京都是君士担丁堡[1]，差不多有好几百年一直是世界上

[1] 应为“君士坦丁堡”。——编者注

最大而且是最富的都会。可惜国外面时常有日耳曼人打过来，自己国里面又时常有党派的争权夺利，所以国势一直不振作。西元527年，查士丁尼即位，才振作精神起来。他先把党派消灭，然后出去打了二十年的仗。到结果是，在第六世纪时候东罗马帝国的版图非常广阔，国威大张。查士丁尼是一位中兴的英主，功业之可以传诵于后世的很不少，其中以修订罗马律的一件事最为有功于人心世道。本来罗马的法律，行了有一千多年，数千本法律书弄得人人头昏脑胀，处处是矛盾。查士丁尼于是叫一班有学问的人，重新修订。一共经过了14个月，才弄成了12个表。又从2000本书的里面，采择其精要的部分，成为法典。后来欧洲各国的法律，都是以此为根本的。查士丁尼时代，欧洲才有蚕桑，也是一件值得记载的大事。欧洲丝品一向从中国买进，利益是波斯人的，等到查士丁尼做皇帝，就设法差人到中国，秘密的把蚕子装在竹筒里面带了回来，这是西元 552 年的事。从此以后，欧洲也有蚕桑的利益了。君士坦丁堡的社会生活一向同希腊的城市一样，所以在文学同艺术方面都非常注意。那时候西部欧洲正是野蛮民族横行的时代，对于典章文物，一无可说。只有比赛丁穆的文化，直接希腊文化的道统，亚力山大里亚城已经衰败了下来，君士坦丁堡是唯一的中心点了。后来西部欧洲发起了十字军，许多野蛮民族里面的贵族同骑士都向着东方去，在君士坦丁堡看见了宏丽的建筑、清洁的街市之后，他们都大开眼界，见识一番。所以比赛丁穆的文化，于近代的欧洲国家是极有大功劳的。查士丁尼在西元 565 年死去，以后东罗马帝国又衰败了下来，好几年没有振作。

尼尼微战争

同查士丁尼同时代的波斯皇[1]哥士娄第一（531~579年），是萨萨尼朝的强盛时期。等到他的孙子哥士娄第二即位，娶的皇后是东罗马的公主。他极会用兵，先后同东罗马帝国打过好几次的仗。西元614年，他把安提阿、大马色、耶路撒冷三个城市先后的攻打了下来，从耶路撒冷他带走了真的十字架。616年，他征服了柔弱的埃及。617年，他的兵克了加尔西顿，从这里到君士坦丁不过三里路而已。那时候的东罗马皇帝叫希拉克略，已经用好了船只，叫妻子先带了宝货逃走，自己也预备跟着出走。不料城里面的百姓不许，一定要皇帝再打一次仗。希拉克略于是反守为攻，集合了城里的兵丁，渡过海去打仗。从622年春天起，接一连二的把波斯人打败。西元

[1] 疑缺“帝”字。——编者注

627 年（民国前 1285 年），双方军队大战于尼尼微，波斯人大败。哥士娄第二逃到深山，儿子即位，同希拉克略讲和，东罗马帝国所失去的地方一概归还，耶路撒冷的十字架当然也归还的。这一次打仗，两个帝国都大受损失。不久阿剌伯在南方兴起，波斯的萨萨尼朝就给阿剌伯在西元 651 年所灭亡。希拉克略虽然打了胜仗，然而死亡的人数已经有二十几万，真正是民穷财尽。等到阿剌伯人一出来，不到八年，把他从波斯所战胜而得到的土地，完完全全的又给阿剌伯人占去了。

基督教的分裂

从西元 325 年第一次尼基亚的宗教会议之后，阿达尼派一向被承认为正宗。关于组织方面，其初很简单，差不多信徒就是教士。后来传布比较的扩大，于是教王之外又有俗众的信徒了。教士之间分有等级，较高的是主教、大主教之类。其中尤其以罗马的大主教更加有本事，能够使野蛮的日耳曼人受教化，因此西部欧洲的宗教信仰都集中于罗马，后来罗马的教王几乎统一了全部欧洲的思想界，其最初的根基不过如此而已。罗马教王的名称，本来在拉丁文里面不过是父亲的意思，是当日主教的通称。到6世纪，这个主教渐渐的只指着罗马的而说了。这个作为父亲的拉丁字，后来索性作为教王的解释了。教王额我略第一以西元590年当选。从他起始，一直过了一百多年，在罗马的教王一向服从君士坦丁堡东罗马帝国皇帝的命令。西元725年，东罗马帝国的皇帝利奥第三下一道命令，禁止信徒不许崇拜耶苏及其圣徒的偶像。一时反对的人很多，西部欧洲的教士更加不服。罗马教王则以为皇帝没有干涉教会习惯的权利，自然抗不奉命。并且说，无论何人，胆敢推翻、毁坏或是亵渎神圣的偶像者，一律逐出于教会之外。皇帝想把罗马教王废去，教王索性占据意大利的土地而独立了。不久，教王又把东罗马帝国的皇帝逐出于教会之外。从此以后，君士坦丁堡的教会同罗马的教会互相反对，到底分为东、西两派。西是罗马教，东是希腊教。

佛郎机人

勇敢的日耳曼人里面，有一种叫佛郎机。西元 481 年，佛郎机王是克罗伟。自从他即位之后，不过 50 年左右，佛郎机人差不多就把现在德、法两国所有的地方都征服了下来。克罗伟的妻是基督教徒。但是克罗伟却一直等到有一次将要打败仗的时候，他没有法子，于是下跪求救于基督教的上帝，果然打胜仗。他就同部下数千人同时受洗礼了。克罗伟的改信基督教，在欧洲史上有绝大的关系。因为在罗马帝国里面的蛮族王国，虽然也有信基督教的，但是都属于阿利安派，在正宗教徒的眼光里面看出来，比异端还要不好。独有克罗伟所信奉的是罗马的正宗，因此罗马的主教很同他往来。克罗伟之后，王国的政治大权渐渐的落在王宫执政的手里。当罗马教王渐渐的成为西部教会的日子，正是佛郎机王国王宫执政查理玛德有所建树的时候。西元 732 年，从阿刺伯所兴起的回教徒，已经占据了西班牙的全部。一路打到佛郎机王国的边境。查理玛德不得不举兵来抵抗，战争详情，现在不甚可考。不过回教徒从此就退到西班牙，组织一个极有文化的王国，比起野蛮的基督教国家，程度要高得多。在东罗马帝国的时代，西部区洲只有西班牙回教徒所建设的王国有文化，像葛杜华的大学，在当时是第一。葛杜华所有的宫室都壮丽无比，极盛时代，大教堂有 3800 所，公卿的住宅有 6 万家，住户有 20 多万，人口在 100 万以上，浴场有 700 多，商店 8 万。就是后来欧洲人的任侠风气，也是从西班牙的阿剌伯人那里学来的。西元 751 年，教王同查理玛德的儿子裴平互相结托。裴平就从王宫执政变为佛郎机王。教王则在 755 年从裴平的手里，得到了意大利中部的土地，教王有领土就从这时候起的。裴平的儿子叫夏理曼，比上二代更加有本事，前后三十年的打来打去，把欧洲西部除西班牙以及意大利的南部以外，都平定了下来。罗马教王想再兴西罗马帝国，于是在西元 800 年（民国前 1112 年），乘夏理曼到罗马的时候，就把帝冠献上，行加冕礼，西元 812 年，东罗马帝国承认夏理曼是西罗马的帝国的皇帝。

十字军

夏理曼一死之后，所属领土又分裂了，现

在欧洲的三个大国——德、法、意，就是这样产生的。此外西部欧洲还有许多小国，成为封建的形势。一直到十字军兴起之后，才把封建的形势改去。西元1096年（民国前816年），东罗马帝国的君士坦丁堡，忽然从西部欧洲来了大队人马，其中有贵族、骑士、农人、工匠、流民、女人、小孩，这就是欧洲史里面非常有名的第一次十字军。经过了三年，他们居然打到耶路撒冷，立了一个王国。后来耶路撒冷王国被突厥人来攻打，极其危急，于是西部欧洲的诸侯再起第二次十字军来帮助。另外还有各国骑士所组织的会，都是以拥护圣地，打倒回教为宗旨的，然而总不能够成功。第七次十字军是最末的一次，在1270年，也没有成功，于是大家就冷淡下来了。13世纪末年，亚洲的基督教国家都给突厥人所灭亡。十字军虽然是劳民伤财的一种行动，却也有四样好处：一，西部欧洲的野蛮民族，从君士坦丁堡得着希腊、阿剌伯的文化。二，诸侯骑士战死了不少，使封建的形势因之而废坏。三，交通日便，贸易发达。四，城市因之而兴起。

一四五三年

第十世纪之后，东罗马帝国的希腊教传布到俄罗斯，所以 1453 年东罗马帝国的君士坦丁堡被土耳其人攻下之后，俄罗斯人就是比赛丁穆文化的继承者了。同时君士坦丁堡的希腊人，都一批一批的带了古书到意大利去避难，佛罗棱萨等国的政府，都很优待他们。渐渐的在欧洲西部的几个国家里面，都有人出来研究文学、哲学，近代欧洲的许多文明国家，都是从这个时候起才渐渐的上进的。而长命百岁的东罗马帝国，绵延了 11 个世纪，就此完了。

Chapter
第四章
04

再生时代

第四章　再生时代

总说

西罗马帝国灭亡之后，西部欧洲给日耳曼人扰乱了好几百年。多数人以为日耳曼人在这个时期之内，对于欧洲史是毫无贡献，这我不得不认为是一种差误的见解。第一，罗马帝国与近代欧洲状况的所以不同，就在日耳曼人所占据的领土，渐渐的一个个都成为民族的国家而已。日耳曼人太欢喜自由，要他们在一个大帝国之下过其老百姓的生活是做不到的。他们把争权夺利认为是人类应该有的职务。即使在罗马教会全盛的时代，罗马的教王差不多是西罗马帝国皇帝以后最有势力的人，人人都要听他的命令，但是日耳曼的君主却同他不客气。所以欧洲史里面有四样要素：希腊文化、罗马政治、希伯来的基督教，还有一样就是日耳曼人的自由精神。有了自由精神才会争权夺利的使近代欧洲有许多民族的国家。除此之外，近代欧洲状况的怎样发生，就不得不谈谈意大利的许多都市国家，那时候是 14、15 两个世纪，意大利在欧洲是艺术文化的中心，在历史上叫做再生时代。

意大利的都市

从 12 世纪以后，欧洲商业渐渐的兴盛了起来，于是有所谓都市生活了。都市生活是希腊文化的特产，现在的欧美文化是希腊文化的正统嫡派，所以他们的生活、文化、商业也完全以都市为中心的。假使都市不兴，就没有现在的欧美文化了。那时候最著名的都市有：威内萨、热诺亚、味罗那、波伦亚、披萨、佛罗棱萨、那不勒斯、米兰，以上各地都在意大利里面。此外欧洲也发生了许多都市，像巴黎、伦敦、汉堡之类，不过在这个时期都没有意大利的重要，所以现在只说意大利的都市。14 世纪初年的意大利，一共分为三部：南部是诺曼骑士所建立的那不勒斯王国；中部是教王的领土；教王领土的西北部是许多都市的所在。其中最著名的叫威内萨，在欧洲史上其重要同巴黎、伦敦相等。这都市位置于亚得里亚海的旁边，在离开大陆有两英里左右的一群小岛上，岛外有狭长的砂洲，足以阻止风浪。5 世纪中叶，意大利人因为那里地处荒僻，渐渐的为了避去兵灾而住下，不久就是一个商埠了。在十字军还没有兴起的以前，威内萨人已经同东方各国来往，他们很有势力，在东方一带占有殖民地。在文化方面很受比赛丁穆的影响，只要把威内萨有名的圣马可教堂来一看，它的圆顶同装饰，同君士坦丁堡的建筑很有些相像，就是凭据了。西元 1311 年，威内萨起始有十人会议的政制。一切外交内政都由十人会议同都主来主持。这种政府差不多一直行到 18 世纪末叶。威内萨人以航业为生命，在全盛时代有大船 3000 多艘，水手 36000 人，造船工匠 16000 人。著名的大旅行家马哥孛罗就是这时期的威内萨人。威内萨之外，最重要的是佛罗棱萨，到第十世纪，商业渐渐的兴盛起来，所以是一个以商业为中心的都市国家。国内有织麻、造鞋之类的 14 种小行业。大行业有 7 种：律师、洋呢、织呢、绸缎、银钱、医药、皮货，各种行业都有商会。其中以银钱业最有势力，在西元 1338 年，有银行 80 家。现在的存借汇兑，在当时已经实行了。教王的产业最多，都归佛罗棱萨人所经理，一共有 2400 万磅。佛罗棱萨在全盛时代，居民不过 9 万人，连近郊一起算在里面也不过十几万人。但是以经济的势力，居然可以出去打仗、派使者，同最强的大国一样，在内政方面也整理得很好。意大利的几个都市国家，只有威内萨可以同它相比。后来欧洲许多好动、好自由的人，一个个都到亚美利加去开辟，于是佛罗棱萨的商业才一落千丈，无从振作了。但是我们现在如果到佛罗棱萨去游历，就可以晓得那时候的佛罗棱萨实在是艺术文化的中心，一切建筑都美丽得很。除希腊的雅典人之外，他们是观念最富，天性顶聪明，最有眼光的，机警而且精密。雅典之后，在都市文化方面最出过力，可以直接希腊文化之道统的，不得不推举佛罗棱萨了。

大学校

新思想的传布，全靠有大学校来主持。

再生时代，各都市大学校渐渐的得势了。12世纪末叶，欧洲大陆上有三个著名的大学校，巴黎的以神学出名，波伦亚的以法律出名，萨娄诺的以医学出名。那时候大学制度分为两派。一派是学生大学，以波伦亚的为代表；一派是教授大学,以巴黎的为代表。学生大学，由学生组织一个委员会，以委员会的名义聘请教授。学生管理一切校务，教授不过是一个雇员而已。教授大学恰巧与此相反，学生一切听命于教授，年纪自然比学生大学的小得多。那时候各国君主同罗马教王都肯帮助大学校，每每把教士的特权送给教授同学生。那时候人，只有教士才在教育界里面服务，所以教授同学生都被认为就是教士。英国的牛津大学校在巴黎大学校之后才有的。本来有一群英国人常常在巴黎大学校留学，因为人地生疏而又不满于巴黎大学校的缘故，才回国组织起来的。其余像剑桥大学校、法兰西、西班牙、意大利的大学校，都是13世纪以后的创设。德国大学校在14世纪以后才一个一个的创设起来。北欧的大学校都以巴黎的为模范，南欧的大学校以波伦亚的为模范，大学校的科目以拉丁文为最注重，没有希腊文。亚里士多德的著作在大学校里面是必修科，其地位同《圣经》、教会神父的著作、教会法律、罗马法典一样的重要。这时候大学校里面的学问，实在简陋之至，于民族国家的进步上并无贡献。一直要等到近代各民族国家的语言文字兴起来，才有现在的教育。

土语文学

再生时代最伟大的人，是佛罗棱萨人但丁。但丁一生所做底最伟大的一件事，就是他第一个用土语来写文学上的作品。但丁所写的叫《神曲》，实在是后来意大利散文的模范。《神曲》是一本长诗，是但丁一生的杰作。但丁以前也有人用过意大利的方言来做诗，但是没有第一流的作品，所以土语一变而为文学的用语，是再生时代空前的一件大事。但丁以前，除拉丁文以外，没有被写下来的资格。不过拉丁文在当时也有许多用处：一，凡是研究学问的书籍，完全用拉丁文。二，大学教授的讲演、朋友信札的往来、国家的公文，也都用拉丁文。这种用处只有少数人才能够享受，所以人民所用的方言，不得不渐渐的出头。没有土语的文学，决不能够有普及教育。近代欧洲的语言有两系：一是日耳曼系，德、英、荷兰、瑞典、瑙威、丹麦、冰岛都属于这一类；二是罗马系，法兰西、意大利、西班牙、葡萄牙都属于这一类。各种语言里面一向都有口传的文学，后来渐渐的有文字写了下来，近代各民族的文学是这样开始的。

古文学者

但丁虽然用了意大利的土语来著书，却是在同时也热心于古代的著作。那时候人尽管读拉丁文，但是毫无赏鉴的能力。等到但丁之后，才有一派古文学者起来，专以研究希腊拉丁的古典文学为目的。这种古典文学到 16 世纪，渐渐的成为上流人士教育的根据。

艺术

在罗马教王统治之下的欧洲思想界，结果是在英、法、德、西班牙、比利时、荷兰许多地方，有宏丽的大教堂不少。那时候的艺术自然以建筑为第一。因为是人人都属于教会，就好像现在的欧洲人都属于国家的一样。现在欧洲人的义务是爱国，那时候的欧洲人是笃信宗教。大家的心思才力都在大教堂上面表现出来。13 世纪初年以前，西部欧洲的建筑，大半照罗马式，门窗上尖顶的桥环是不大用的。到 13、14、15 三个世纪之内，建筑界渐渐的都受着尖顶式的支配了。这种建筑是艺术上有名的峨特式。后来飞壁的发明，使峨特式的建筑更加进步。窗户比前大，光线不免太利害，于是用极美丽的彩色玻璃，作为窗饰之用。彩色玻璃到现在所存无几，因之世人很珍重它。峨特式大教堂上面的雕刻，很显示写实主义的倾向。当峨特式建筑风行于北部欧洲的时候，意大利的建筑家却尽力于罗马式的发挥，颇有古意。

新地的发现

再生时代有最要紧的发明，就是西元 1450 年的印字机。这是传布知识的利器，比起大学只能够传授少数人的，自然更加好一点。

为了追求知识的欲望，从西元 1492 年起，西部欧洲人都一批一批的出去，发现了许多新地。古代希腊、罗马的眼界极小，所见仅以欧洲南部、非洲北部、亚洲西部的为限。在罗马教王统治之下的人民，更加连这一点都没有了。十字军到过埃及、叙利亚，算是见多识广的了。当但丁出世的时候，威内萨有两个商人，名字都叫孛罗，是兄弟两人，一直往东方去，很受元代君主的优待。第二次他们又带了小一辈的马哥孛罗一同去，在亚洲游行了 20 年，西元 1295 年回国。马哥孛罗于是做一部游记出来，渐渐的引起了西部欧洲人东游的兴趣。14 世纪末叶，土耳其占领了东罗马，一时东西来往的道路为之隔断，于是欧洲人不得不想别条出路。最初是葡萄牙人到非洲西岸去探险，西元 1486 年（民国前 426 年）地亚士发见了非洲的好望角。接下来就是 1498 年，达伽玛居然能够绕着非洲航行，到了印度。那时候，热诺亚人哥仑布，笃信地圆之说，以为要达到印度，不如一直往西方去的便利。1492 年，他如法泡制[1]，新大陆就这样的发现了。后来佛罗棱萨人亚美利哥到新大陆去游历，著了一本游记，从此以后，新大陆就叫做亚美利加了。新航路、新大陆既经发现了之后，于通商贸易上大有影响。一向意大利的几个都市，像威内萨、热诺亚、佛罗棱萨之类，都因此失去了东方贸易的霸权，就此衰败了下去。而葡萄牙、西班牙一向不受人注意的，都平地一声雷的兴盛起来了。其他在精神上、物质上都受了极大的影响，欧洲的社会状态，竟因之而大大的革新一番。后来荷兰人、英国人在海上连一接二的称雄，都以此开头。本来与中国人没有关系的欧洲人，也从此有很密切的关系了。再生时代的精神，于近代国家是很有利益的。

[1] 应为“如法炮制”。——编者注

Chapter
第五章
05

西班牙

第五章　西班牙

总说

哥仑布发现了新大陆之后，西班牙人就一批一批的到西方去，回来的人个个发了大财，所以在16世纪，西班牙是西部欧洲最富强的国家。西班牙一向是回教徒的征服地，它的历史同西部欧洲其他各国比起来大不相同。最大的特点是，当西部欧洲人民完全在罗马教王势力之下的时候，西班牙却大多数是信奉回教的。第十世纪左右时候的西部欧洲，毫无文化，而西班牙的阿刺伯文明却极其隆盛。那时候在西班牙所住的人种有罗马人、峨特人、阿刺伯人、伯伯尔人，不过久已同化了。当西部欧洲的教士们，只会读书写字就算受了教育的时候，在西班牙的葛杜华大学已经有一千多学生了。11 世纪中叶，回教徒渐渐的衰败了下来，于是在西班牙北部的几个基督教弱小国家，才渐渐的出头。居然出了两个比较强固的国家，一个叫亚拉冈，还有一个叫加斯德腊。西元 1469 年（民国前 443 年），亚拉冈王同加斯德腊女王结婚。从这时候起，西班牙为了内部统一的缘故，才算是欧洲史上的一个重要国家。1492 年，哥仑布所以能够发现新大陆，全靠得到了加斯德腊女王的帮助，才会成功。亚拉冈王同加斯德腊女王结婚之后，生了一个女儿，嫁给德国皇太子腓力。腓力的儿子就是有名的查理第五。

查理第五

勃拉邦公、盎凡尔边防使、荷兰伯、奥大

利大公、第洛尔伯、加斯德腊、亚拉冈、那不勒斯、西班牙美洲领土之王，以上一大串，不过是查理第五重要称号的一部分。1516 年，查理第五不过 16 岁，一向生长于尼德兰的他，就到西班牙即王位了。1519 年，德国皇帝死，他依着血统的关系，就被选为德国的皇帝，他从来没有到过德国，不会说德国话。从夏理曼之后，以一个人的名义而统治着许多领土的，要算他第一了。在他的领土之中，有许多名城，其中重要的是：维也纳、勃鲁塞尔、马特里特、巴娄麻、那不勒斯、米兰、墨西哥。他做德国皇帝的时候，正是宗教革命将要发生，思想在改变的时候，结果是好几个国家为了宗教彼此打得一团糟。一直打到西元 1648 年（民国前 264 年），才算把教会分为新旧两派，议定条件，许信教自由，这就是天主教同耶苏教的来历，而欧洲大陆也一天一天的进步，成为现在的文明了。

哥太士

西班牙在 16 世纪是欧洲西部最富强的国家，它的人民是一批一批的到西方去，在新大陆上占据了许许多多的殖民地。其中最出名的一个叫哥太士，生于西元 1485 年。1504 年，他第一次航行。1519 年，他带了远征队，从桑底亚哥出发。下一年，他进兵到墨西哥。那时候墨西哥土人的部落里面，已经有了相当的文化，用象形文字，信拜日教，土地与家屋是共有的，几个家族合在一起成为一个大家屋，其中最大的可以容纳 100 个家族。哥太士所带领的军队有步兵 600，骑兵 18，另有弩手，小炮 13 门。他乘墨西哥王同几位藩王有嫌隙的机会，一直进兵到首府说：“日出之国有个真命天子，有权可以把全世界的人民征服下来，我就是这位真主的使节。”墨西哥王一则因为宗教上的迷信，对于哥太士的宣言非常恐怖；一则对于西班牙的火器同骑兵没有抵抗的方法，就不战而降，献上许多财宝，以求暂时的偷安。但是哥太士是一个不知足的人，不久就把墨西哥王来杀害。因此激怒了土人，重新举出国王来，在他指挥之下去袭击哥太士的大本营，结果是失败的。新国王被捉去，不久遭害。于是哥太士把墨西哥的全权握在手里，在 1522 年做了新西班牙的总督。1536 年，他派探险队发见了现在的嘉里福尼亚，1540 年回国，1547 年死。哥太士之外，西班牙人最伟大的武功，要推比萨洛的征服秘鲁了。比萨洛在 1532 年开始进攻，他一到秘鲁之后，对于他们文物制度的进步大吃一惊。秘鲁是君主政治的国家,从古就有自己的一种文化。国都有日神庙，建筑极其富丽堂皇；其他像道路、桥梁、沟渠之类，都有广大的规模。户口繁盛，田园开辟。秘鲁王为避免战争起见，就派人送了大批金银宝物给西班牙人，比萨洛也派人告诉秘鲁王，他是皇帝查理第五的使者。比萨洛在秘鲁住了 7 年，被人暗杀。

腓力第二

皇帝查理第五于 1455 年退位，于是把西班牙、尼德兰、米兰、西西利、美洲领土许多地方传给儿子腓力第二；另外的德国领土，就传给皇弟费迪南。腓力第二有宗教上的狂热，在当时候是新教徒最大的敌人。英国同尼德兰都是新教徒的根据地，腓力第二就先后派兵去攻打，结果是都打了败仗。尼德兰的一部分就独立，成为荷兰共和国。近代欧洲里面许多民族国家最先成为共和国的是瑞士，其次就是荷兰共和国了。荷兰人同英国人都是善于商业，欢喜开辟殖民地的民族，不久他们就代替了西班牙在海上的势力。西班牙那时候还有许多回教徒，腓力第二一定要他们在一天之内把语言、风俗、宗教改过来，回教人不服，造反，三年之后，都给西班牙人平定。其中有一部分逃命的回教徒，躲在山洞里面不出来，西班牙人用烟来熏死他们。1610 年，是腓力第二死后的事，西班牙人再把回教徒五十余万赶到非洲去，二十余万赶到法国去，在西班牙的回教徒从此就绝迹了。腓力第二于西元 1598 年（民国前 314 年）去世，欧洲形势为之一变。不重要的英国人，以打胜了西班牙人之故，不久就做了世界上的第一个富强之国。西班牙却还因为把回教徒一概驱逐出去的缘故，工业大衰，从此是欧洲的第二等国家了。

雷嘉斯皮

腓力第二在欧洲大陆上是一个不得意的

君主，却是在殖民地上他总算还留下了一点成绩。1559 年，他即位不久，想在现在斐律宾群岛的一带地方开辟殖民地。于是他下命令给墨西哥的总督，叫他造许多船只，以便远征。一直到西元 1564 年（民国前 348 年），才由墨西哥市政府总书记雷嘉斯皮带了远征队从墨西哥出发。远征队全部人员一共有 380 人，其中 150 人是水手，200 人是兵丁，6 个教士，其余都是官吏，分坐两只小船、两只大船。1565 年，雷嘉斯皮攻打塞布岛，烧去房屋一百多所，居民多逃到山中去。西班牙人占领那个地方之后，就造起房子，立起教堂，有村有井，居然是一个新都市了。雷嘉斯皮在塞布岛不久，就有萄萄牙人来攻打，于是雷嘉斯皮就搬到北方的巴拿意岛去。巴拿意岛面积较大，产米很多，如果葡萄牙人来攻打，可以到内地去躲避。雷嘉斯皮以功得贵爵，任斐律宾群岛的总督。巴拿意岛的百姓因为对于雷嘉斯皮极不满意，于是故意让自己的田地荒芜，表示反对。于是雷嘉斯皮就派西班牙兵110人，毗舍耶人五百余名到吕宋岛马尼拉市去探险，中途在明多罗岛碰着中国人，彼此开战。1571年，马尼拉市被西班牙人攻下，雷嘉斯皮以腓力第二的名义，把这许多岛，称为菲律宾群岛。马尼拉市不久就修街道、筑炮台、建教堂、造营房、起衙署，气象一新了。就以资格而做为全岛的首府，有市政府，任命判官两人，董事12人，还有官员几个人。一切设备，都略具规模，雷嘉斯皮真正是文武双全的一个人了。现在菲律宾群岛虽然是美国人的属地，但是西班牙人所遗传的势力还仍旧不少。

1571年

当雷嘉斯皮把斐律宾群岛马尼拉市攻下

来的一年,在欧洲还有一次大海战。西班牙王,腓力第二是其中的领袖,所供给的战船顶多。1571 年 10 月 7 日,在希腊海口有一个地方叫勒邦多,是土耳其人同西部欧洲联军的大战地方。土耳其人从 1453 年占据了君士坦丁堡之后,西部欧洲人一直怕他们,西部欧洲人有时不免同土耳其人打仗,但是都无关紧要的。最紧要的是 1571 年,西班牙、威内萨、罗马教王组织了联合的海军,推举奥大利的军官做统领,同土耳其的海军打仗,居然大胜。因为带一点宗教上的意味,所以即使不满意于腓力第二的新教徒也不能够不称颂这次的大胜仗。一向怕土耳其的欧洲人从此胆大了。从前的战舰是用囚犯来摇船的,土耳其战舰里面的囚犯,有许多是被掳去的基督教徒来充当的。欧洲联军战胜了土耳其人之后,据说一共放出摇船的基督教徒囚犯有 15000 人。

塞凡底斯

西班牙在全盛时代，当然在文化上也有所贡献。其中最重要的一个人就要算赛凡底斯了。1571 年勒邦多的海战，赛凡底斯也是身与其役的一个兵丁。战争的结果把他的左手永远打坏。他屡次同土耳其人打仗。1575 年他从那不勒斯回来，中途被海盗架去，在亚尔奇亚做了五年囚犯。1582 年回到马特里特，后来在瑟微尔也住过。1606 年，又到马特里特来住下，过了十年很贫苦的生活，1616 年去世。他所著的《吉诃德先生》，是世界文学重要作品之一，有各国文字的译本呢。

耶苏会

新教派渐渐在各国流行的时候，旧教派里面的有志之士也起来奋斗，以便挽回以前的势力。西班牙人罗耀拉所创立的耶苏会（就是我国天主教传道的总机关），是旧派维持旧势力的一种组织。1538 年，罗耀拉集其门徒，定出耶苏会的规则，由教王下上谕颁行，并且承认其组织。会中有大将一人，由会众全体公举，任期是终身的。罗耀拉本来是当兵的，所以耶苏会的组织就像一个军队，以服从为主义。规定会众全体应该服从教王，假使教王要他远行传道，就得不顾一切的去实行。耶苏会的势力及于全世界，当新教徒不出国门一步的时候，耶苏会的传道者已经把北美洲土人的一切内情，报告于人，其功不小。耶苏会对于教育事业极其注意，学校之有分班、教科书等制度，都是他们所创始的。其功课为拉丁文同数学，现在大学分为文、理两科的缘故，就是为此。

Chapter
第六章

06

荷　兰

第六章　荷　兰

总说

尼德兰，就是现在欧洲荷兰、比利时两个国家的总名，一向是一个低下的地方。有一部分土地比起海的水面来还要低，为防止海水的侵入，不得不投巨资，用劳力筑起堤来。不但如此，一面还要防备莱因河、木意才河、希尔德河的泛滥。因此尼德兰的岁出总额有1/3是堤防费，这情形到现在还是如此。不过他们负担虽重，却因为大川运河的到处纵横交叉，在交通灌溉上是很便利的。即使在现在，尼德兰人口的密度还是世界第一。居民，在南部的用法国话，在北部的用荷兰话。

尼德兰本来是一个侯国的领土，这侯国传到后来，在血统上只存下了一个女子，嫁给德国皇帝。西班牙王查理第五，就是他们一对的孙子。所以查理第五可以在西班牙的领土之外，还占有尼德兰的地方。查理第五小时候一向住在尼德兰，等到即位之后，尼德兰人就以子民的资格可以在他的广大领土之内，到处做生意了。后来尼德兰北部的荷兰人在世界上占据着广大的殖民地，就是这样的起因，查理第五退位之后，尼德兰就归西班牙王腓力第二所有，这都在前面提起过的。居民的性质，极其优秀，勤于职务，工商业颇盛，境内到处是殷富繁华的都市。全境分州而治，各有宪法。虽然北部诸州是共和的，南部诸州是贵族的，却是以人民的欢喜自由，所以自治的基础已经确立，新思想是很容易接受的。查理第五在位的时候，尼德兰在宗教方面，已经有新教派的思想输入，等到腓力第二即位之后更加利害。为防止新思想起见，腓力第二曾经在尼德兰杀过 10 万个人。

威廉

新教派以住在尼德兰非常危险，不得不去找一个有力的保护者来抵抗西班牙王腓力第二。那时候，西班牙是欧洲的第一个富强之国，可以抵抗腓力第二的新教派之帝王，只有英吉利女王依利萨伯。于是尼德兰的新教徒就派使节到英国去，恭请依利萨伯来做尼德兰的女王，以便同腓力第二去抵抗。依利萨伯以时期还没有到，不肯担任。大家不得已，于是就推举了奥伦治亲王威廉来做尼德兰的都护，与腓力第二宣战。威廉为人刚勇有大略，沉默寡言，喜怒不形于色，一向有沉默威廉之名。他所有领土，有一部分是尼德兰的荷兰州。自从接受了新教徒的推举之后，他就用一个小国的力量去抵抗强大的西班牙。西元 1553 年，西班牙人来攻打来丁城，市民用了破坏堤防的法子，把海水灌进来，西班牙人大败。以后 200 年之内，世界上著名大学之一的来丁大学，就为了纪念这件战功而设立的。西元 1579 年（民国前 333 年），尼德兰的北部七州（荷兰州是其中之一）同盟成立，以拥护新教为自的，仍旧以腓力第二为国王，没有独立宣言。两年之后，才由七州的联合国会，发表腓力第二的废位宣言，公举七州里面最强最大的荷兰州主为大头目，以维持独立为誓。改荷兰州，成为荷兰共和国。不过南部十州因为同北部七州意见不合，没有加入。西元 1609 年，英吉利承认荷兰共和国之后，才是真正的独立国家。

殖民地

荷兰在欧洲并不是一个最重要的国家，不

过在我们中国人的眼光里面却不是如此。原因是荷兰人在亚洲现在仍旧占有广大的殖民地，处处与我们中国人有关系。西元1589年，有一位荷兰的旅行家从东方回国，他是一位欢喜写日记的，所以住在东方的时候就天天有日记写下来，内容很丰富，关于两个印度半岛的人民、风俗、习惯、法律、制度、博物、地理、产业、交通、商业等，无不有详细的记录。这本书于西元1595年出版，一时风行，学者、商人、航海员，无不争先阅读。其中最大的特点是，从葡萄牙的里斯本起，一直到东方去的水路都详详细细的记载着，为从来典籍所不备的。不久有一个荷兰人叫霍德曼的，以前曾经跟过葡萄牙人到东印度去经商，就劝商人组织一个团体，以便集中实力。他自己却带了四只商船到东方去，霍德曼取道非洲的好望角，寄港于苏门答腊，达到爪哇西岸的地方。其时葡萄牙人在万丹地方颇有势力,就设法来破坏。荷兰船被土人烧去一只,还有三只逃回，这是 1598 年的事。以后荷兰人到底以利之所在，必须竞争，所以就在这一年 11 月再派 18 只船，分为四队，再到东印度去。东印度公司的努力,就在这时候起始,先驱之功，决不可没。

东印度公司

威廉亲王之后，荷兰人的海军力量渐渐的在世界上露出头角。不问远近，只要碰着西班牙的船只，就把它来击沉。其时有名政治家彭乃费尔的政策正在实行，所以 1602 年，就有东印度公司的设立了。第二次荷兰商船的远航，行期不及第一次之吃苦，而所得的利益非常之巨。一时组织远方公司，从事东印度之商业者不少，公司多，竞争太利害,弄得大家都不得其好处。彭乃费尔的提议,可以使个人不受损失，国家增加富力，靠血本来赚钱的商人自然赞成。为保护自己的利益起见，不得不练习一切专门人才，于是有大规模的海军组织，以便保护商务的进行。荷兰到今日还在亚洲有广大的殖民地，最初的功臣，自然是东印度公司了。东印度公司从政府所得的权利是，在21年之内，好望角以东、麦哲伦海峡以西的通商权都归东印度公司独家享受。公司为这种特权的报酬是，每年给政府25000盾。公司资本总额有660万盾。有同东印度各国缔结条约之权，可以造城，任命将校，征集兵丁。兵丁对于政府、公司都要宣誓。公司所有的船只、军器，非接到公司的许可，政府不得任意征发。不过海军部可以替政府要求战利品的配分。东印度公司第一次舰队的出发时期是1602年岁末，有船14只。1605年，荷兰人得安波意岛，把西班牙人、葡萄牙人的势力驱逐出去。

这岛在当时是香料列岛商业的中心点，所以荷兰人就把它作为东印度的首都。1651 年，葡萄牙人在锡兰岛的最后根据地，又为荷兰人攻打了下来。从此以后，威名大振，荷兰人在东方海上称霸，商业繁盛，一时富强无比。

爪哇

上文说过，霍德曼到爪哇西岸的时候，葡萄牙人在万丹地方颇有势力。万丹在 1602 年（民国前 310 年），已经有荷兰人所开设的贩卖店四家。这地方一向是各国商人的集中地，买卖是异常繁盛，商家是颇为殷富的。在当时除了荷兰人、葡萄牙人之外，还有中国人、阿剌伯人、土耳其人。尤其是欧洲人所不可少的香料都在此地交易。当时爪哇在政治方面是一个回教王国，万丹、希里邦、嘉葛德拉都是西部诸侯的领土，无不朝贡。西元1610年，荷兰的东印度总督以万丹的土侯年纪太小，权臣争斗的缘故，觉得住在那里的荷兰人不甚安全。于是派人同嘉葛德拉人说妥，得到国君（指嘉葛德拉的国君，各土侯虽然都朝贡于回教王国，却是在政权上是独立的）的许可，就移居了那里，一面与国君订约，禁止西班牙人、葡萄牙人来通商。西元1619年以后，荷兰人在嘉葛德拉已经很得势，把城堡更加造得坚固些。二年之后，索性不客气，把嘉葛德拉荷兰人的居留地，改为巴达维亚了。一向在安波意岛的东印度政府，从此以后，就搬到了巴达维亚。西元1646年，荷兰人回教王在巴达维亚订条约，其中有一条是：东印度会社同回教王对于敌人应有一致的行动。西元1676年，荷兰人以帮助回教王平定内乱之功，于是在巴达维亚更加有势力，得到了全部的支配权。除此之外，还应许荷兰人在爪哇全国有自由贸易、关税免除之权，并且因为赔战费的缘故，回教王每年支出 3000 石米，又一次送出 242 万盾给荷兰人。以后荷兰人在爪哇的势力，一天比一天的扩大。经济方面已经得到了全爪哇的实权，领土方面在 17 世纪末叶不过占据全岛 16%，到 18 世纪加到 43.5%，19 世纪除 7% 以外，领土完全在荷兰人的掌握之中了。现在爪哇全岛所仅存的乔克耶加儿达、苏拉加儿达的两个土侯之国，合起来算，在领土方面不过占全岛的 7%。19 世纪后半叶，荷兰人在爪哇的施政渐渐完备，工商业一天天的隆盛起来，土侯也无从来反叛了。

台湾

荷兰船一到东方，就想到中国来通商。公元 1624 年，下了决心的荷兰人，就到澳门来攻打葡萄牙人，以期必胜，不料大败，只好退到彭湖岛。过了几年，荷兰人就搬到台湾来住下。台湾在倭寇时代，一向是海盗的根据地，明朝官吏素不通问。另外，西班牙人也在台湾的基隆造下了圣萨华度城，淡水造下了圣多明哥城。自从荷兰人一来，就把这许多势力完全驱逐出去。西元 1630 年（民国前 282 年），荷兰人在安平筑了塞郎提亚城，12 年之后，就做了全岛的主人了。荷兰人在台湾上很能够改革行政、弘布宗教、建设学校，一时岛民也开始学习荷兰的语言文字。西元 1650 年（民国前 262 年），荷兰人又在赤嵌筑了普罗丁夏城。西元 1656 年，明末忠臣郑成功以在江浙沿海一带被满洲军队战败，于是不得不到台湾来退守。西元 1611 年，郑成功以 25000 人上陆，把塞郎提亚城同普罗丁夏城之间的交通隔断，普罗丁夏城不得已先投降，塞郎提亚城直到西元 1662 年（民国前

251 年[1]）2 月 1 日才被郑成功所攻下。以后荷兰人不能够再往前进，只得以东印度为满足，以巴达维亚为中心，在东洋经营一切了。郑成功虽然不能够把明朝江山来恢复，却是欧洲人东进的势力，至少在民国 250 年以前，是郑成功一个人的大功，使其停止了下来。郑成功在 250 年以前，差不多在航海的欧洲人，都晓得他的名字叫“国姓爷”，对于他很恭敬。

---

[1] 应为“民国前 250 年”。——编者注

07

Chapter

第七章

法兰西

第七章　法兰西

总说

西元 476 年（民国前 1436 年），西罗马帝国灭亡之后，属于西罗马的高卢，就不得不自己去找命运。高卢现在就是法兰西，在欧洲的西部，西南境有庇里尼斯山脉，东南境有阿尔卑斯山脉。境内多平地，有塞纳、罗亚尔、嘉伦、罗尼几道河。第五世纪，高卢境内已经住下了许多日耳曼人，西罗马帝国灭亡之后的命运，自然而然的就落在日耳曼人的手里了。高卢境内的日耳曼酋长，在那时候渐渐的得势，把罗马人以及其他的人种，一个个的都征服了。这位酋长就是历史上很有名的佛郎机王克罗伟，他于西元 481 年即位，496 年信基督教，506 年建都于巴黎。以后法国人的势力一直集中于巴黎，巴黎的历史就是法国的历史了。在这一点巴黎可以说是罗马京城以后唯一的政治中心点，法国在这一点上的特色，不是希腊的，而是罗马的，我们不可不注意。夏理曼之后，广大的佛郎机领土分为三部，法兰西的一部分就属于西部佛郎机王。以后法兰西就分为许许多多的小国家，其中最重要而且最有兴趣者叫诺曼底。因为此地与诺曼人有关系，所以先把诺曼人来说一说。第十世纪，欧洲大陆上忽然来了许多专以劫掠为生的海盗，他们也是日耳曼人，不过一向住在斯干地那维亚半岛而已。他们劫掠的情形非常可怕，每每沿了塞纳河、嘉伦河而深入西部佛郎机的内地。西元 911 年，西部佛郎机王只好把塞纳河口的一块地方送给诺曼人，于是诺曼酋长一变而为诺曼底公爵了。住在诺曼底的诺曼人，不久都与法兰西人同化，信基督教了。到威廉做诺曼底公爵的时候，实力更加充实，恰巧英吉利王统中绝，他就老实不客气的打到英国去。

喀毕

西元 987 年，在西部佛郎机做君主的夏理曼子孙，连一个都没有了。割据一方的诸侯就公举法兰西公爵喀毕为高卢、勃里东、诺曼、阿奎丹、峨特、嘉士孔、西班牙诸民族之王。喀毕的祖宗，一向做军官，称为法兰西公爵，在血统上是萨逊种。他的领土在当日不过是塞纳河北的一区，等到法兰西公爵做了西部佛郎机国王之后，西部佛郎机王国从此就一变而为法兰西王国了。现在法兰西国的来历就是这样起始的。喀毕以后的历代君主都以扩张王权，抑制诸侯为政策。西元 1180 年，腓力第二即位之后，王权更加坚固，国势大张。西元 1328 年，喀毕王朝的统系没有人了，于是以旁系入继大统，这就是腓力第六。那时候英吉利王，在血统上也可以来做法兰西王的，于是从西元 1339 年起以争夺王位为战争的起因，英法两国一直打了一百多年的仗，最后，英国人于 1415 年起，连打胜仗，法国差不多在旦夕之间就会灭亡。幸而有一个奇女子叫贞德的，以宗教的情感来鼓动法国人爱国的勇气，于是法国再打胜仗。西元 1453 年，除克来港一个地方之外，法国人把国土完全光复，英兵躯逐[1]出去。

路易十四

英法两国打了一百多年的仗之后，法国

[1] 今作“驱逐”。——编者注

君主有常备军的组织，于是王室的威权一天比一天的利害起来，中央政府的权力既然日形扩大，工商诸业自然渐形兴盛。中央的军政各费以有把握之故，于是诸侯不再干涉国政，全国秩序也因此而可以维持下来了。法国到这时候渐渐的成为近代欧洲的民族国家，凡是人民都具有民族的感情，承认君主为一个国家行政的元首。西元 1643 年，路易十四即王位，年纪不过 6 岁，由母后摄政，宰相马萨林佐之。马萨林去世之后，自己出来亲裁大政，年纪不过 24 岁，但是英武有为，居然把法国成为当时的第一强国。一方面他又鼓励文学，一时文学家辈出，为法兰西王国文治的黄金时代。西元 1715 年（民国前 197 年），路易十四去世。17 世纪时代的欧洲是法兰西之路易十四的时代，在位一共有 72 年之久，为欧洲各国君主之模范。他起先听命于马加维理派的大臣马萨林

（马加维理，佛罗棱萨人，1469 年生，著有《霸术》，伍光建有译本），马萨林去世以后，他就自己出来亲裁大政，成为一个理想的君主。对于法国领土的扩张，他是非常努力的，国境因之而发展到莱因河、庇里尼斯山，一面又并吞西班牙的尼德兰。近代欧洲各国的文化，尤其是宫室、花园、礼貌等等，差不多没有一样不是发源于路易十四的时代。即就现在而论，各国外交官还是以法国话为正宗。以前各国的国民文学还没有发生之前，知识阶级、交际社会，无不以法国文学为必修科。路易十四去世之后，虽然法国到现在仍旧是一个强大的国家，但是比起 17 世纪时代的法国来，总使人想到路易十四的时代，是法兰西王国的全盛时代，巴黎是世界第一个有艺术文化的所在，欧洲的中心点。

第七章　法兰西 ‖

福禄特尔

法兰西文学在 17 世纪是欧洲文学界的中心，当然是路易十四在上提倡的功劳，谁也不得否认。那时候各国文学都以法国文学为模范，无论那一国文坛上所风靡一世的思想，一查来历无一不是法国的来头货。路易十四去世之后，法国文学界里面又兴起了一种新的风潮，就是革命文学的勃兴。因为法国一到 18 世纪，政治的腐败，财政的紊乱，人民的贫困，无不一一显示于当世。有志之士无不以革新政治，改造社会为希望，都把世人的目光集中于政治论了。文学家在这种运动上自然不后于人的，自然在吟咏诗歌、草写论说、创作小说的时候，也谈起政治的腐败、人民的贫困、财政的紊乱，而要求革新政治同改造社会了。这种革命文学家里面，以福禄特尔为最出名。福禄特尔是法国文学史里面第一个最最出名的人物，生于富豪之家，从小颖悟。等到长大，就以文才见长，名震全欧。路易十四一死，他就做文章痛骂，以为这是国民的幸福。为了这件笔祸，19 岁的他，就被捕，关在牢里。一年之后放免出来，他又写了好几种剧本小说，公之于世。他惯做讥讽笑骂的文章，大家奉为神明的人物，以为天经地义的制度、习惯，给他的笔尖一写下来，就一变而为极平凡俗恶、有害无益的东西了。因此恨他的人、赞他的人都有，哄动一时。他一生以攻击迷信，扶持正义为事，颇有任侠的精神。西元 1760 年，有一个新派教徒因事被禁锢终身，13 年之后还没有病死，经福禄特尔的营救，总算放了出来。又 1761 年，他对于乔痕嘉拉的冤死，大说公道话，政府不得已于 1763 年重审。他这种好管闲事的任侠精神，就是恨他的敌人也为之肃然起敬。革命文学家除去福禄特尔之外，还有两个重要的人。一个是蒙特斯鸠，著一部书叫《法意》，主张行政、司法、立法三权分立。他生于贵族之家，从小好学，是一位性情温厚，受人尊敬的人物。又著一部书叫《罗马盛衰论》，对于君权攻击得很厉害。还有一个人叫卢梭，生活同上面两个人大不相同。从小没有母亲，就离开父亲而去依靠叔父，长大之后，就到处流浪起来，有好几年处于逆境之内。因此他发现了社会上的各种弊端，自然要用激烈言论，来攻击社会的组织，以示愤慨。所著《民约论》，专以提倡民权为宗旨，又著《爱密尔》，以表示他于教育上的见解。

七月十四日

法兰西的国家纪念日是 7 月 14 这一天。即使在上海的法租界，其实没有许许多多法国人，但是在这一天晚上，也以法国公园为中心，而举行盛大的祝典。西元1789年（民国前123年）7月14日，巴黎人民实在不愿意再讨论什么问题了，大家下了决心，凡是应该革命的一切，不管其利害如何，姑且动手了再说。在那一天，街上忽然聚集了许许多多穷苦无告的人民，男女老少，形形色色，无不衣衫褴褛，手里都拿了各种各样可以打人的家伙，排着不甚整齐的队伍，却是都精神百倍，勇气勃勃的，嘴里还叫喊着各式各样的革命口号，一路走到巴士提大监牢的面前。他们一队人即刻暴动了起来，把大监牢一座结实的门用力来冲破，杀掉守监牢的兵丁将官。因为在大监牢的囚犯，大半是为了政治运动而进去的；其中也有无罪的老百姓，平空关在里面；完全是国王、贪官、污吏、土豪、劣绅欺侮良民的工具，人民久已恨透了。大监牢破坏的一天是7月14日，所以到现在就做了法国的共和纪念日了。从此以后凡是法国人，不论男女贵贱，只要疑心他是反革命的人，便判决死刑。一时被杀的人真不少，大家都恐怖异常。

拿破仑

贞德时代，法国人民萎靡不振。但是这位奇女子叫贞德的居然用了宗教的情感，把人民爱国的勇气鼓励了起来。路易十四虽然是一位不顾人民痛苦的君主，但是他使法国在17世纪成为欧洲全部的文化中心，人民也渐渐的以自己是法国人为荣耀了。18世纪时代，福禄特尔是全欧思想界的领袖，把革命思想种在人民的心田里，于是法国人成为又爱国又革命的人民。1789年7月14日以后，法国人民在当时已经是世界上唯一的有团结力、有革命兴致而且是爱国的民族了。他们这种一步步上来的情形，当然为欧洲别的民族所妒忌，于是大家就联合了军队一齐打进来，但是爱国的法国革命军居然能够把他们驱逐出去。渐渐的，人民还是晓得了军事人物的有用，于是拿破仑就应运而起。西元 1804 年，拿破仑以战功而受人民的拥戴，即帝位，一时文治武功都很有成绩。不过欧洲从 1789 年 7 月 14 日之后，福禄特尔的革命思想，别的民族也受了影响，当然不许再有统一的帝国存在，拿破仑同别的民族打了几年仗，就一场无结果的去世了。法国从拿破仑去世之后，直到现在，虽然也是一个千变万化的民族国家，但是以人民爱国的缘故，自然在世界上仍旧是能够时时贡献文化上的一切，居然在亚、非各洲也占据了许多殖民地，做一个富强的共和国家。

Chapter 08

第八章

英吉利

第八章　英吉利

总说

欧洲西北的海中，是英伦三岛。西元前55年，罗马把其中一部分之靠近大陆的，征服了下来。5世纪初叶，日耳曼人打进罗马帝国，驻在英国的罗马军队，就不得不撤退，去防守帝国了。英国从此就给日耳曼人渐渐的征服了下来。打进英国去的日耳曼人是盎格罗种，所以英吉利这个名辞就这样的出来了。西元1066年，日耳曼人在英国所建设的王国，忽然王统绝嗣；法国的诺曼底公爵威廉，自以为有继统的权利。于是募了6万兵，都是法国人；预先说好，功成之后，大家可以占据土地，算是酬报。果然威廉打败了英国兵，做了英吉利的国王。部下兵丁自然都以功绩的大小，来占领英国老百姓的土地、房舍、家眷，做起英国的贵族了。但是，被征服的人无论如何不受贵族们的注意，英国的新贵族都自顾自的说法国话，英国话是到处没有用的。直到西元 1362 年（民国前 550 年），英王才把法律从法文译了出来，法官一向用法国人，从此不用了。从这一年起，英国法庭才把英文来应用，英国人从此以后才渐渐的出头了。英国历史一向同欧洲大陆不接近，从威廉打进英国之后，才同大陆的关系一天一天的深切，言语风俗处处以法国文化为依归，一方面在法国的诺曼底公国仍旧是英王的世袭封地，到法国去是英国人很普通的事。西元 1339 年，英王为了在血统上可以去继承法国的王位，就同法国开战，一直打了一百多年的仗，到底没有把法国征服，只得退出。从此以后，英国人的眼光渐渐的从欧洲大陆上转移到世界上去了。英国人在世界上最伟大的贡献是工业的繁盛，英国史的要点在这种地方。至于所谓英吉利联合王国的来由，虽然不是最重要的，但是其中成立的年份不妨写在下面：西元 1288 年，合并威尔斯；1707 年，合并苏格兰；1800 年，合并爱尔兰。

依利萨伯

把欧洲的地图看一看，就可以晓得荷兰同英国的形势，最适宜于海上商业的发展。沿海港口很多，交通便利。因此这两个国家在海军方面都努力得很，以便在商战场中做健将。当腓力第二做西班牙国王的时候，英国人在海上已经有一部分毫无纪律的势力，专以劫掠西班牙商船为替天行道之事。这种专以劫掠为生的海盗，在当时大家都认为一种爱国的行动，就是到现在仍旧还有许多文学家，对于此种行动著书称赞，以示鼓励。海盗里面最出名的叫屈雷克，生于西元 1540 年，死于 1596 年。从 1572 年他开始打劫西班牙的商船，先在墨西哥一带海岸动手，把劫掠来的船只带了，经过巴拿马地峡，到了太平洋。屈雷克是第一个看见太平洋的英国人。1577 年，他又搭船出去在南美洲西岸地方,他抢到了一只西班牙商船，其中宝货值英金 15 万磅，于 1580 年，经过东印度、好望角、非洲西岸而回来。这一次是英国人最先的世界航行。1585 年，他又带了 25 只船出去,到美洲东岸,带了几种土产回来。1587 年，他又毁灭了许多西班牙的商船。他有时把劫掠所得的进贡于女王依利萨伯，因此得到了爵绅的荣衔。依利萨伯女王是西班牙洲腓力第二的同时人，腓力第二以西班牙商船太受损失的缘故,不得不派大队海军去攻打英国，不幸大败。从此以后，英国人在殖民地方面也渐渐的占到势力，先后把荷兰人、法国人打败，做了自有历史以来海上势力的领袖。现在，还是世界上的第一个强国。

美洲

自从西班牙人发现了美洲之后，别处欧洲人也闻风兴起，以得到殖民地为目的。西元 1600 年以后，荷兰人、法国人、英国人都渐渐的在殖民地上得势。荷兰人于 1610 年，已经在现在的纽约，同土人通商，1624 年在纽约开辟殖民地了。法国人从 1524 年起，开始到北美洲去殖民，占有路易西亚那、加拿大、纽芳兰、诺佛斯哥夏等地方。英国人到北美洲的殖民事业，从依利萨伯女王的时候才开始。一队队的出去，其中最有趣味的一次，要推五月花船的一队了。五月花是一只船的名字，其中许多搭客的总名，叫“朝山进香的教父们”，男人 74 个，女人 28 个。他们于西元 1620 年，从英国到荷兰，从荷兰搭船预备到浮其尼亚去的，不料海风一吹，就把他们一队人送到马塞诸色州，也就住下来了。从名目上看，他们好像都是些朝山进香的巡礼者，其实不是这样解释的。他们是一队很诚实而且有道德心的英国平民，职业的分类是泥水匠、裁缝师父、靴工、铁匠、车工之类。教科书上说他们先到了荷兰之后，恐怕小辈们同化于荷兰而只会说荷兰话，所以决定再往前行。其实这班头脑简单的人，决不会想到这种问题的，完全为了经济的压迫，使他们无法在荷兰安身，才坐了五月花去冒险的。英国移民到了北美洲之后，起先同荷兰人杂住在一起。等到势力充实之后，就把荷兰人的势力驱逐出去。荷兰人所占据的纽约，本来是一个荷兰的地名，到这时候才用英国的地名叫纽约了。英国侨民之住在美洲的，渐渐的也有组织了，一百多年以后，地方大有起色，于是祖国想到殖民地上来征收税项。两方面渐渐的以此起了冲突，于是英国侨民宣言脱离祖国，独立于美洲。1783 年（民国前 129 年），经过了几次战争之后，英国政府不得不承认这个殖民地的独立。美国是这样出世的。1787 年，美洲侨民开联邦会议于费拉得尔非亚，制定宪法，每州可以自定宪法，设立政府同议会，执行一州的职务。另外特设一个中央政府，监督各州。从此以后，美国就一天一天的富强起来。到现在，美国尽管是一个独立的国家，在文化方面的设施差不多同英国一样，国语是英国话。从这上面，我们不得不承认英吉利人民发展力的伟大。

斯密亚丹

经济是一种科学的研究，从 18 世纪时代才起始的。英国人是工商业的民族，孜孜为利是他们一生的归向。我们谈起英国的学者第一个自然应该推举斯密亚丹，以表示环境同学问的关系。他生于西元 1723 年，死于 1790 年。曾入牛津大学，后来到大陆去游历，同当时名士来往。回国以后，费去十年光阴，于 1776 年（民国前 136 年），把他精心著作的《原富》出版。他马上平地一声雷，亨受[1]大名。他的重要意见是，富国的根本是劳力。为了这层，他说明分工制的重要，主张自由贸易，论述极其精细。有了斯密亚丹，才有所谓经济学。斯密亚丹之后，经济分为两派，一派接受他的学说，叫自由贸易派；还有一派反对他的，叫保护贸易派。从马克斯[2]著了《资本论》之后，经济学在学术界的地位更为重要，一个人如果不读经济学，几乎没有学

---

[1] 当为“享受”。——编者注
[2] 今译为“马克思”——编者注

问的资格了。

工业革命

古代的希腊、罗马虽然以文明著称，但是在工业方面绝少发明。18 世纪末叶以前，欧洲还是手工时代。从此以后，忽然有种种工业器械的发明，不到 100 年，工商业的情形为之大变，这就是工业革命了。近代各种问题，像商埠、工厂制度、工党、贫民都从此发生，所以工业革命的重要，实在比皇帝、打仗之类的事，还利害得多。160 年以来的工业革命，可以把纺织业的改良来说明。在织布之先，还有纺纱的一件事，以前每次一个人只能够纺出一根线。到西元 1767 年（民国前 145 年），英国人哈格里夫发明纺织机之后，只要一个人转动机轮，每次就可以纺出 10 根线了。以一个人做十个人的工，当然是一种革命。18 世纪末叶，已经有一个人同时可以纺出 200 根线的机器。专靠手工做事的自然要失败，而工厂制度从此发生。纺织机之外，重要的发明，自然要算到瓦特所发明的蒸气机，使机器的运动更加有力。工厂制度所发生的结果以分工制最为明显。斯密亚丹在《原富》里面说起，分工制之下，即使一针之微，也要经过十八步手续。一天以内，十人的工作可以产出 48000 根线。到现在更加发达，一分钟每部机器可以制针 180 枚，三个工人在一天之内可以制针 700 万根。这种大量生产的工业，影响到商业的发达，可以使一国的制造品畅销于全世界。现在欧、美、亚、非各洲，都成为贸易的所在了。政治方面的影响也很大，中流社会同工人向来不问政治的，从工业革命之后，大家以利之所阶级在不得不争的缘故，就一改向来漠视政治的习惯了。工人也为了争夺利益的缘故，就组织了工党以为自卫之计。此外每个大城之内必定有贫民区几个，大多在工厂附近的所在。住室陋劣，拥挤不堪，毫无乐趣可言。

维多利亚

西元1897年（民国前15年），英国女王维多利亚举行即位60年大典。那时候印度的王侯、各殖民地的长官，以及军队都集中于伦敦，富丽堂皇，一时举世无比。从有历史以来，帝国比这个再伟大的是没有的了。英国所以能够做到如此地步，不过是利之所在不得不争而已。最先同荷兰、西班牙竞争，后来就同法国人争夺印度、北美洲，处处得胜。从此以后，英国是商业世界的领袖了。19世纪，英国人尽力发展印度、非洲、加拿大、澳洲各殖民地的富源。英国人争夺印度的故事是极有趣味的。西元1600年光景，荷兰人、英国人、法国人都在印度得到了根据地，彼此竞争，最后只存英、法的两个大势力了。英国靠了克莱武、海斯丁两个人的努力，渐渐的把全部印度征服了下来。1856 年，土人以不服外人的统治，举兵造反，不久平定。于是西元 1857 年（民国前 55 年），英国政府索性把君临全部印度的蒙兀儿皇帝废去。下一年，把本来属于东印度公司的印度，改归英国政府统治。维多利亚女王在印度的衔头是皇后了。印度是世界上一个大而且古的国家，在政治方面虽然不努力，却是在文化方面无论如何有其不可磨灭的价值。英国人的统治印度，或者可以使印度人从此在政治上，想争夺自己应该有的利益吧。

09

Chapter

第九章

德意志

第九章 德意志

总说

西罗马帝国灭亡的时候，散住在欧洲中原一带的日耳曼民族大为活动。欧洲中原一带在西元 1 世纪光景，是人迹所不到的地方，一望出去不过是满目茫茫的深林大树；寒风凛烈，气候卑湿。自从日耳曼人一来才渐渐的努力于开辟的事业，初期的日耳曼人，据罗马史家所报告的是：日耳曼人是一种没有混血分子，特异纯洁的民族。躯干长大，红发碧眼，就这几点，已经同罗马人不一样了。他们并非游牧之民，以都市为奴仆的城郭，不愿意住下来，因此散住各个村落，以农业牧畜为事，住在罗马边境的日耳曼人也做做生意。所住房室大半以木头建造，有几顷田园围绕着。衣服极其朴素，食物有兽肉、鱼肉、牛乳、牛酪、面包，麦酒、葡萄酒是从外国输入的。日耳曼男子在家里是一位小皇帝，勇敢好斗，讨厌杂务，所以家事农牧一类的工作，全是妻子老弱的份。所有壮丁，一律当兵，不然就是奴隶。人民多数都是独立的自由民，门阀比较高一点的是贵族。村落相集之后为郡，由自由民选举郡长来统治。日耳曼人在当时已经有了相当的文化。其中特点是：家族制度的善良，合议政体的健全，妇女位置比别的民族高一点。尤其是，一夫一妇为家庭的根底，别的民族都做不到这一点。西元 200 年以后，日耳曼人渐渐同罗马帝国接近，其中有一部分竟移到罗马境内来住下。从此以后，他们竟能够渐渐的得势，尤其是西元 476 年，日耳曼佣兵的酋长竟把西罗马帝国来灭亡了。西罗马帝国灭亡之后，日耳曼人在欧洲到处建设王国，除去塞纳河下流还有一个罗马人的独立国，叫做西雅格里斯王国之外，其他全部欧洲，连英国也在其内，都是日耳曼人的世界了。这许多新兴王国之中，在历史上最占势力的，自然要算克罗伟的佛郎机王国。他于西元 481 年即位，486 年（民国前 1426 年）平定西雅格里斯王国。

神圣罗马帝国

克罗伟之后，佛郎机王国的大权渐渐的落在王宫执政的手里。王宫执政的后代都很得势，传到夏理曼的时代，以武功显赫，于是在西元 812 年得东罗马帝国的承认，为西罗马帝国的皇帝。夏理曼一死之后，所属领土为之分立，德意志的一部分就属于东部佛郎机王。西元 911 年，东部佛郎机王国的统系没有了。当时国内有五大诸侯，法朗哥尼公是其中之一，被选为王，在位 7 年之后，诸侯就选萨逊公为王。在位 18 年之后，儿子奥图被选为王。国内诸侯不服，作乱，奥图先后平定内乱，以自己的亲贵为各邦的诸侯。西元 926 年（民国前 950 年[1]），奥图平定意大利，到罗马受帝冠于教王，称神圣罗马帝国的皇帝。从此以后，每个德意志王必定要行加冕礼三次。因为德意志王之外，还有意大利王、神圣罗马皇帝两个衔头的缘故。为了要组织国家，使其统一，奥图以后的神圣罗马皇帝，想把当时统治全欧洲思想界的教王打倒。因此历代皇帝都致力于同教王的竞争，经营意大利，对于本国反而不注意，以致诸侯跋扈于国中，皇帝不过有一个虚名而已。西元 1356 年（民国前 556 年），查理

[1] 应为“民国前 986 年”。——编者注

第四被选为皇帝。查理第四本来是波希米亚王，到这时候就接受了诸侯的请求，颁布金诏，重定国法。其中要点有三样：一，诸侯有选举权的，本来有五个，增加两个为七个。二，选举侯的领土有世袭权。三，选举侯对于领土以内的政治，有绝对无限的权力。七个选举侯都有选皇帝的权利，名单是：(1) 绵斯大主教，日耳曼国师；(2) 德里尔大主教，布根底国师；(3) 哥隆大主教，意大利国师；(4) 波希米亚王，为主酒；(5) 巴拉丁侯，为膳正；(6) 萨逊公，为太仆；(7) 勃兰敦堡伯，为侍从。查理第四之后，皇帝同罗马教王继续的分党竞争，于是意大利境内就有米兰公国、佛罗棱萨共和国、威内萨共和国等等乘势独立。近代欧洲最先出世的瑞士共和国，也于西元 1315 年（民国前 597 年）动手，举兵独立。西元 1519 年，查理除做西班牙王之外，还被选为神圣罗马皇帝。西元 1806 年

（民国前 1606 年[1]），拿破仑灭神圣罗马帝国。从奥图即帝位起，到灭亡为止，凡 845 年。

汉萨同盟

当教王同神圣罗马皇帝在争权夺利的时候，德国境内的都市，有好几个成为商业的中心。那时候做生意是一件冒险的事业，第一因为到处是诸侯的城堡。现在我们想像中的诸侯，好像是一队很有礼貌的贵族，其实在当时不过是各据一方的土匪而已。有时候商人还要飘洋过海，出去做生意，那就要防备海盗了。海盗在欧洲史上是一个很有价值的元素，打进英国去的诺曼底公爵威廉，就是海盗的子孙，此外在俄罗斯的最初王国，也是海盗所建设的。商人对于诸侯、海盗不客气的劫掠，起先以不能够团结，只好自认

[1] 应为“民国前 106 年”。——编者注

晦气。后来以血本所关，利之所在不得不争，于是从事商业的几个城市，就组织同盟以自卫。同盟里面最出名的，要算德国几个都市所组织的汉萨同盟了。“汉萨”两个字义在德国古话里面，本来作邻保、部落之意义的，一转而为商会同盟的解释。那时候中央政府没有威信，“日耳曼”一字在法文里面是多数，国内诸侯之邦有二三百。皇帝非经过选举侯的公认，不能够即位。又因为没有钱，所以不能够多招车队❶，绝对没有平定诸侯的能力。当15世纪末叶，皇帝腓特烈第三，穷困异常，竟然到教堂去讨饭。在这种情形之下，为便商业的安全发达起见，许多都市的商会，就不得不组织同盟来对付了。西元1294年（民国前618年）在北海、波罗的海的几个都市，西自勃雷门，东至雷法尔，组织为一个大同盟，公推鲁贝克市为盟主。以后德国的都市，

❶ 当为“军队”。——编者注

像哥隆、勃郎斯维克、马格特堡、柏林、汤恩、勃雷斯洛，荷兰的都市，亚姆斯达丹、勃里尔也一齐加入。同盟市政府的数目，差不多达到 90。一时俄国、德国、北海一带商业的利益，都为同盟的势力所占。汉萨同盟像一个大国，有军舰、军队。先后为了争权夺利的缘故，曾经同英国、丹麦国宣战。不过自从美洲发现，好望角回航，封建衰败，帝王恢复威权之后，都市既不须自卫，争权夺利之徒又赶到了美洲去，于是情形一变，汉萨同盟就无形中解散了。荷兰的都市,代之而兴。

奥大利

8 世纪末叶，奥大利不过是一个边防使的辖地，属于查理曼皇帝。西元 996 年（民国前 916 年）奥大利一名，才见诸文字。西元 1156 年，进为公国。西元 1273 年，瑞士哈布斯堡伯爵被选为神圣罗马帝国的皇帝，封儿子为奥大利公。西元 1493 年以后，奥大利公世世当选为神圣罗马帝国的皇帝，以次并吞匈牙利、波希米亚等地方。西元 1806 年，奥大利同拿破仑打仗之后，神圣罗马帝国灭亡。哈布斯堡家的衔头一变而为奥大利皇帝兼匈牙利王了。欧战之后，改为奥大利共和国。

普鲁士

十字军时代，有许多奇异团体的组织，其中著名的有神庙骑士团、医院骑士团、条顿骑士团，等等。骑士于铁衣之外着道袍，以示宗教威功兼而有之的意思。后来条顿骑士团把维斯多拉河口斯拉夫人的普鲁士征服了下来，为领土逐渐推广的缘故，就同波兰人从西元 1466 年开始打仗。战争的结果，条顿骑士团把领土的西半，就是西普鲁士，割让给波兰，只保存了东普鲁士。此外对于波兰国王还要尽其封建的义务，作为屏藩。西元 1512 年，波兰王的侄儿做了末代的条顿骑士团长。他不肯尽封建的义务，就于西元 1519 年宣战，几年之后就被封普鲁士公爵，条顿骑士团解散。他同他的子孙都是东普鲁士的公爵，做波兰王的臣下。西元 1609 年，他的系统断绝，于是霍亨索伦家的勃兰敦堡伯爵把普鲁士公国合并了。霍亨索伦本来是斯瓦比亚的一个城，西元 1190 年，霍亨索伦城主做纽伦堡城主。西元 1415 年，纽伦堡城主从神圣罗马皇帝西琪门那里，得到勃兰敦堡的封地，二年之后，举行做选举侯的任封式。西元 1618 年勃兰敦堡伯爵，选举侯，合并普鲁士，兼称普鲁士公。等到大选举侯腓特烈·威廉即位，断然以新教派为标榜，把旧教派的击败，以战功得到许多领土。不但如此，西元 1655 年起始，因为干涉瑞典、波兰之间的战争，以帮助波兰之故，于是波兰国王于1657年放弃在东普鲁士的主权，完全由腓特烈·威廉自主了。西元1701年，普鲁士公改称为普鲁士王，1713年（民国前199年），普鲁士王国为列国所承认。以后名君贤相辈出，整顿内治，训练军队，国富兵强，在欧洲大陆上渐渐的得到地位。西元1871年，普鲁士王威廉第一同法国打仗，占据了巴黎。威廉第一就在巴黎即位，改称为德意志国皇帝。接下来就是威廉第二，国运更加兴隆，文治武功在世界上都是第一。

欧洲大战

西元1914年6月，奥大利太子被人暗杀。不久就引起了欧洲的空前大战，也可以说是自有世界以来的第一大战。到1918年11月11日订约休战，结果是，奥大利、德意志都改称为共和政体，皇室都逃到国外去了。一时欧洲又加添了许多新国家，彼此关系的离奇复杂，非专门家用分门别类的方法来研究不可。不过有一点意见，不妨写下来。就是，19 世纪末叶的德意志帝国，已经发达到非同英吉利来竞争不可了，总算因了欧洲大战而彼此分出一个胜败。在欧洲大陆上奋斗了2000 年光景的日耳曼民族，还是打不出头，连一个不过统一了不到 50 年的德意志帝国也灭亡了。欧洲人的互助，尤其是英国人那里所发表的互助论，居然使全世界都同德意志帝国做敌人，把它攻打了下来。至于现在的英国呢，自然仍旧是靠了大家的互助，在世界上做第一个强大之国。但是将来世界上至少可以说，再没有统一的大帝国来残民以逞了。

Chapter 10
第十章

余　论

第十章 余 论

西洋史从希腊说到欧洲大战，差不多重要的部分都在里面了。除此之外，欧洲还有两个国家，也很重要。一个是俄罗斯。9世纪之后，北欧海盗到处出没，其中有一部分到了俄罗斯的诺甫哥罗，建立一个小国。俄罗斯的成为国家是从这时候起才开始的。10世纪到西元1453年，东罗马帝国君士坦丁堡的禁卫军，都是从俄罗斯方面所招来，他们当然就是北欧的海盗。做人很忠实可靠，极为皇帝信任。东罗马帝国灭亡之后，俄罗斯在文化方面已经是东罗马帝国的继承者了。西元1480年，脱离蒙古羁绊的俄国不再进贡于大汗。西部欧洲的文明从大彼得时代才输入，从此以后，俄罗斯的进步一日千里，尤其以开辟西伯利亚为最伟大的事业。20 世纪起初几年，俄罗斯的势力处处同新兴的日本冲突。双方就于 1904 年动手打仗。结果是俄罗斯在远东的进行为之停止，打胜仗的日本人就一跳而为世界强国之一。列宁以后的俄罗斯，更加使世界上莫测其高深了。还有一个国家是意大利，一向属于奥大利，经过一番努力之后，于 1870 年，建国都于罗马，完成统一的大功。至于欧洲大战以后的欧洲，更加有许多新起来的国家。照现在情形看，将来欧洲大陆上的国家，一定比现在所已经有的国家还要多。现在欧洲虽然有许许多多的国家，却是在历史上曾经占据过重要位置的不过是：西班牙、荷兰、法兰西、英吉利、德意志五个而已。有一位斯拉夫种的诗人希望斯拉夫民族在欧洲文明的道统上能够继续着德国人而努力上去，因此写了几句像预言的诗。大意是：斯拉夫，晨；德意志，上午；英吉利，正午；法兰西，下午；西班牙，晚。荷兰在欧洲史的地位，不是最重要的，因此这位诗人没有提起。所谓近代欧洲文明的祖宗，自然是希腊、罗马。希腊人欢喜殖民，到处建设都市，各有自治的政府机关，而没有一个统一的国家。亚力山大虽然游历了许多地方，却没有把征服的土地统一了下来。现在英国人在殖民方面虽然比希腊人伟大得多，但是所谓大英帝国，决不是我们意想中统一的国家。就是罗马帝国的全盛时代，在我们看来也决非统一的。罗马城虽然是地中海世界的中心，然而不是一个统一国家的首都。这因为是罗马人一向以罗马城的名义，去征服了地中海的世界，所以无从统一。罗马各省就是罗马城的征服地，因此在各省做总督、税吏的罗马人，无不尽力搜括地皮。罗马人决不以做贪官污吏为耻辱的事，正像被掳的外国人，在罗马城只好做奴隶的一样。罗马官吏退职之后，无所谓告老回乡，优游林下之举。他们同希腊人不一样，不晓得在殖民地住下享福，一定要回到罗马城的。英国人多数欢喜住在殖民地，甚而至于要在殖民地上建设国家。美国不是这样出现的吗？法国人也有殖民地，但是决不愿久住下去，过了几时，总想法要回到巴黎去。当然，英国人决不能够说是希腊人的正统嫡派，不过在殖民方面，不能够不说英国人接近希腊人，法国人接近罗马人了。日耳曼文化是西洋文明里面的一种要素，不过同化于罗马帝国的日耳曼民族，在欧洲大陆上辛苦 2000 年左右，才好容易在西元 1871 年组织了一个在名目上是统一的国家，其中仍旧还包括着四个王国、六个大公国、五个公国、七个侯国、三个自由都市、一个帝国领土。这许多所在，都是欧洲文明的特征，对于西洋史有兴趣的人，应该去注意。还有一样，西洋史应该从希腊一直看到欧洲大战，这是一个道统，不可以分开的。如过[1]不把这一层握住，以为希腊灭亡之后才有罗马，就要以为在罗马的时候，希腊连一样都没有了。欧洲是艺术文化表现的地方，人类所以有现在的丰富生活，完全是欧洲艺术文化的功绩。为中华民族将来的生活起见，我们应该敬重欧洲文明，以孜孜为利，要求在海外有殖民的权利，创造艺术文化，注意政治，使我们民族的生活，尤其在都市里面的，一天比一天的富丽堂皇起来。

[1] 当为“如果”。——编者注

编后记

傅彦长（1892 或 1891~1961），原名傅硕家，又名傅硕介，笔名有穆罗茶、包罗多等。湖南宁乡人。早年曾在上海专科师范学校、上海务本女校等校任教，曾游学日本、美国，回国后在上海艺术大学、中华艺术学校、中国公学、同济大学等校教授艺术理论与西方艺术史，并出任上海音乐会会长。曾参与创办卿云图书公司，合作创办《艺术界周刊》，主编《雅典》月刊、《音乐界》等刊物。著有《十六年之杂碎》《五岛大王》《阿姊》《西洋史 ABC》《东洋史 ABC》等，合著《艺术三家言》，其作品涉及文学、小说、音乐、历史、美术、宗教等。20 世纪 30 年代，国民政府组织傅氏等反动文人发动“民族主义文艺运动”，攻击无产阶级文艺运动。上海沦陷后，傅彦长开始投靠日本侵略者，40年代多次参与汪伪政府组织的社会活动。抗战胜利后，据1946年《傅彦长匿迹姑苏》所载，其在苏州某茶馆被发现。50年代后很少有人再提及傅氏的消息。

《西洋史ABC》是傅彦长的一部历史学著作。傅氏的历史研究深受其父傅运森的影响，傅运森是一位历史学者，曾任商务印书馆编译所国文部编辑，参与《共和国新教科书·新历史（高小用）》《世界大事年表》等编纂工作。《西洋史ABC》主要介绍的是欧洲历史，涉及欧洲文明的起源——古希腊和古罗马文明，也涉及资本主义发展前期的主要发达资本主义国家，如西班牙、荷兰以及近代欧洲最主要的英、法、德三个老牌殖民国家，而对于美国则不知是由于地理位置的原因，抑或当时发展相对落后的原因，作者未及叙述。本书对于当时的大众了解世界先进国家和地区的历史发展具有一定的积极意义，是一本比较简洁明了的关于欧洲历史发展的值得详细阅读的作品。

本次整理以世界书局1928年版为底本，将原书竖排、繁体改为适合当今读者习惯的横排、简体版，尽量保持原书的民国风貌，只对其中个别知识性错误以“编者注”的形式处理，标点、数字的用法等略作符合现代标准和阅读习惯的方式修改。限于编者水平所限，其中难免错漏，祈请读者批评指正。

刘　江

2016年11月